年金知識を活かした iDeCo・NISA 提案の進め方

株式会社フィナンシャル・ラボ
梶川真理子 著

立命館大学ビジネススクール教授
兼　株式会社フィナンシャル・ラボ
代表取締役社長
橋本正明 監修

ビジネス教育出版社

はじめに

公的年金制度に不安を感じ、iDeCoやNISA制度を活用して資産形成を始める人が、年々増える傾向にあります。このような時代の中、金融機関の販売担当者は、お客様が公的年金をベースとして豊かな老後生活を過ごすことができるよう、また、お客様が自らのライフプランを実現できるよう、様々なアドバイス等をしていく必要があります。

たとえば、お客様が「公的年金制度が不安です」とおっしゃっても、何が不安なのか、どの程度不安なのかということが明確ではありません。漠然と不安だと思っている人が相当数いらっしゃいます。これでは、不安をどのように解決していけばよいのかわかりません。

本書では、お客様が資産形成を考える上で、何が課題になるのか、そしてその解決策としてiDeCoやNISA制度をどのように活用できるのか、それらを考えるポイントや提案例などを紹介しています。また、NISA制度は、2024年から大きく改正されます。その概要やその際の提案例などについても紹介しています。

本書が、皆様の理解の一助になれば幸いです。

2023年5月

株式会社フィナンシャル・ラボ
梶川　真理子　著

立命館大学ビジネススクール教授
兼　株式会社フィナンシャル・ラボ
代表取締役社長
橋本　正明　監修

年金知識を活かした

iDeCo・NISA 提案の進め方

目　次

Ⅲ iDeCo・NISAの制度等について（応用編）

Ⅳ 事例研究

※本書のiDeCoやNISAに係る記述は、2023（令和５）年３月末時点で施行または公布されている法令等の規定に基づいています。

Ⅰ

老後のための資産形成を取り巻く環境等について

公的年金に関する話題を切り口として、お客様にどのような資産形成の提案ができるのかを学習します。お客様の投資に対する抵抗感なども理解した上での提案を考えます。

提案力の源泉は
「課題を見つけ出す力」!
お客様のライフプラン等の中で
どのような課題があるのかを
考える習慣を
身に付けましょう!

1 年金制度の実態……将来、公的年金はもらえなくなるの？

（1）年金制度は何となく不安と思っていませんか？

一般に「年金」と聞くと、「何となく不安」といったイメージを持っている人が多いと思います。そのため、公的年金のイメージカラーを聞くと、「バラ色」と回答される人よりも、「灰色」と回答される人のほうが圧倒的に多いのが現状です。しかし、何が不安なのかを具体的に突き詰めていくと、理由もなく、何となく不安に思っている人が多く、正しい情報が伝わっていないことがよくあるようです。

公的年金だけだったら、老後生活は過ごせないんでしょう？　不安よね。

お客様からこのような質問を受けた場合、どのように回答されていますか。

＜パターン１＞

そうなんです。そのため、資産形成について一度考えていただきたいと思います。「つみたてNISA」というのはご存知でしょうか？

このように回答されている販売担当者はいらっしゃいませんか。このような回答は、極端な話、「販売ありき」の考え方ではないでしょうか。心の中で、「(やった！）投資信託や保険商品を提案できるお客様だ」と思っていらっしゃるのではないでしょうか。これでは、お客様は、何となく「年金だけだったら……」といっただけなのに、いきなり「つみたてNISA」の提案をされたことで警戒心を抱かれるかもしれません。

＜パターン２＞

夫婦２人で老後生活を送る上で必要と考えられる最低日常生活費をみると、平均で月額23.2万円※です。また、ゆとりのある生活を過ごすためには、このほかに平均で月額14.8万円※が必要といわれています。おっしゃるとおり、公的年金だけでは不足しますね。

※生命保険文化センター「2022（令和４）年度　生活保障に関する調査（速報版）」（2022年10月）

このような回答をされた場合、販売担当者はお客様の家族構成や家計の収支状況を把握しているのでしょうか。一般的な金額は参考にはなります。しかし、お客様に自分のこととして考えていただくためには、お客様の収支状況に合ったアドバイスをする必要があります。

昨今は、単身のお客様も多くいらっしゃいます。老後資金について、いつも「夫婦２人」の金額だけをみるのではなく、単身世帯にも目を向ける必要があるかもしれません。単に情報を伝えるだけでなく、その情報を基にしながら、お客様の状況に合った対応することが大切です。

お客様の状況に合った対応をするためには、お客様がどのような老後生活を考えていらっしゃるのかを伺うことも大切です。当たり前ですが、老後生活の過ごし方によって準備しなければならない目標額は変わってきます。もちろん家計の収支状況も確認しておきたいところですが、それだけでは日常の生活費の過不足の確認にとどまってしまう可能性があります。たとえば、次のＡ様とＢ様では、退職後の趣味にかける金額が大きく異なってきます。

Ａ様：徒歩圏内に図書館があるので、ウォーキングがてら図書館に行き、気になっているコーナーの本を読破しようと思っています。

Ｂ様：若いころ、キャンプにはまっていたことがあります。退職後は、キャンピングカーを買って、夫婦で全国を回ってみたいなと思っています。

金融庁が公表している「顧客本位の業務運営に関する原則」の「原則６．顧客にふさわしいサービスの提供」の注記では、お客様の目標資産額に基づいた金融商品・サービスの提供を求めています。そのためには、お客様のライフプラン等を踏まえた目標資産額をイメージした提案をしなければなりませんが、老後資金に関しては、先ほどの生命保険文化センター「生活保障に関する調査」の金額や、「老後資金2,000万円問題」を取り上げるだけで、お客様のライフプラン等（お客様が退職後等に何をしてみたいと思っているのかなど）を踏まえていない提案が往々にしてあります。

【顧客にふさわしいサービスの提供】

原則６．金融事業者は、顧客の資産状況、取引経験、知識及び取引目的・ニーズを把握し、当該顧客にふさわしい金融商品・サービスの組成、販売・推奨等を行うべきである。

（注１）金融事業者は、金融商品・サービスの販売・推奨等に関し、以下の点に留意すべきである。

・顧客の意向を確認した上で、まず、顧客のライフプラン等を踏まえた目標資産額や安全資産と投資性資産の適切な割合を検討し、それに基づき、具体的な金融商品・サービスの提案を行うこと　（以下　略）

「将来お金が足りなくなるかもしれません」といわれるより、「何をしてみたいと思っていらっしゃいますか？」と聞かれるほうが、私の将来設計を考えてくれているんだなと思います。

お客様の不安を「見える化」していくことも大切です。冒頭でも説明しましたように、お客様の中には、漠然と公的年金に対して不安を感じている人がいらっしゃいます。この「漠然とした不安」から「何が問題で何に不安を感じていらっしゃるのか」を明確にしていくのです。

公的年金だけでは不安よね？

このお客様は、何が不安なのでしょうか。お客様が感じていらっしゃる不安を明確にし、解決できるものか、代替案が必要か、勘違いからくる不安かなどに区分することで、適切なアドバイスをすることができます。一般に、公的年金に関して、次のような不安を抱えていらっしゃることが考えられます。

①公的年金だけでは生活費が足りないのではないか
②今後、公的年金が減額されるのではないか
③年金保険料を納付していても、将来、公的年金を受給できないのではないか

①に対する不安を解消するためには、家計支出を洗い出し、まずは何にどれだけのお金を使っているかを把握することが大切です。これについては「(3) 年金受給者の状況を知ろう」(14ページ)の箇所で再度解説します。②や③に対する不安を解消するためには、公的年金の仕組みを正しく知ることが大切です。昨今の年金問題で、一番大きなものは少子高齢化の加速です。公的年金は、主に現役世代が支払う年金保険料と、国庫からの負担が基本的な財源となっています。この年金保険料を支払う現役世代の人数の減少と、年金を受給する高齢者の人数の増加が公的年金の財源を圧迫する要因となっています。

<人口ピラミッドの推移>

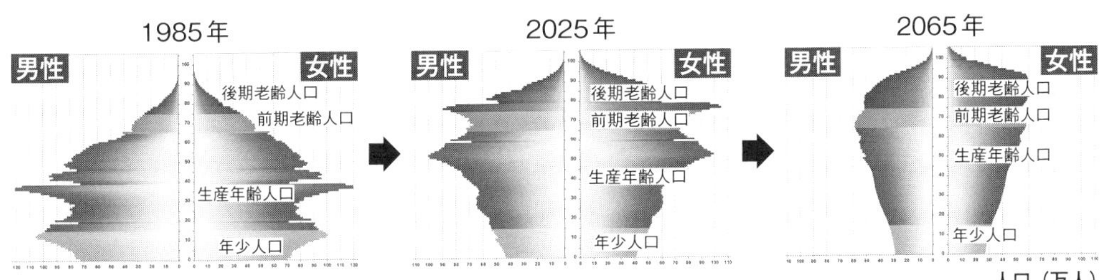

出所：日本の将来推計人口（平成29年推計）（国立社会保障・人口問題研究所）

人口構造は、急に変化するものではありません。そのため、今後も、年金保険料を支払っている「生産年齢人口」が減少し「後期老齢人口」が増えるのは間違いありません。この人口ピラミッドによると、2025年には約1.8人で65歳以上の人を1人、2065年には約1.2人で65歳以上の人を1人支えることになります。

このため、賦課方式のもと、公的年金の受給開始年齢や給付水準を維持しようとすると、現役世代の保険料負担が増えることになります。逆に、現役世代の保険料負担を抑えようとすると、公的年金の受給開始年齢が遅くなったり、給付水準が下がったりすることになります。これが、「年金額は減る」「公的年金はもらえなくなる」と思われる理由のひとつです。

では、この事実に対して、何の政策もなされていないのかといえば、そうではありません。少子高齢化が進む中、年金制度を持続可能なものとするため、次のような仕組みが取り入れられています。

年金保険料の上限を固定	少子高齢化が進んでも現役世代の負担が重くなり過ぎないよう、厚生年金の保険料率は18.3%（労使折半）、国民年金の保険料は17,000円に固定されています。
基礎年金の半分は国庫負担	基礎年金の給付費の２分の１は税金（国庫負担）で賄われています。
年金積立金の活用	将来世代の給付に充てるため、今後おおむね100年間で、年金積立金を計画的に活用します。
人口や寿命の伸びに合わせて給付水準を自動的に調整	現役人口の減少や平均余命の伸びなど、そのときの社会情勢に合わせて、年金の給付水準を自動的に調整する「マクロ経済スライド」が導入されています。

「年金積立金の活用」については、次の「（２）年金の財源は、賦課方式だけで賄っているのではありません」（10ページ）で説明しますが、年金制度の仕組みや特徴を正しく理解していただくことで、お客様の「何となく不安」という気持ちを和らげることが可能です。

特に、公的年金の話をした場合、終始「不安」「不足」というニュアンスばかりを伝えてしまう販売担当者がいらっしゃいます。しかし、公的年金制度にはメリットもあります。その部分をきちんと説明できているでしょうか。

そもそも公的年金制度は、予測することができない将来のリスクに対して、社会全体であらかじめ備え、生涯を通じた保障を実現するためのものです。それには、老後だけでなく、障害を負った際の保障や、遺族への保障なども含まれていますが、ここでは、老齢給付金にスポットを当てて検証してみます。

■ 公的年金制度の良いところ　～物価の変動を考慮～

2022年後半からの物価上昇を受けて、2023年度の国民年金の満額の金額は、2022度価格の777,800円から、795,000円に増額改訂されました。増額はされましたが、マクロ経済スライドが発動したため、物価上昇分と同じだけの増額というわけにはいきませんでした。しかし、ある程度、物価の上昇に対応できるというのは公的年金制度のメリットといえます。もちろん、物価が下落した際には、年金の受給額は減少しますが、物価が下がったときの受給額の減少よりも、物価が上昇したときに受給額が増えないほうが、年金生活者にとってダメージが大きいと思われます。

なお、物価上昇率については、足元の物価が上がっている、下がっているといった判断だけではなく、20年、30年といった長い単位で考えなければなりません。しかし、20年、30年先の物価の変動について予測することは困難です。そのため、仕組み上、物価変動を加味してくれる公的年金制度は、お客様にとって悪いものではありません。

物価上昇（インフレリスク）に対応するため、老後の資金を預金だけではなく、投資信託等で準備しましょうという提案はよくしている。そうか、老後の資金のベースとなる年金制度も、このインフレリスクに対応しているんだ。

年金制度におけるインフレリスク対応についての理解が深まれば、資産形成の際に、インフレリスクを意識した投資信託等を検討することの大切さが理解してもらいやすいかもしれない。

老後の生活を支える公的年金制度もインフレリスクを考慮したものとなっています。つまり、資産形成を検討するにあたっては、将来の物価上昇のことも考えなければならないということをご理解いただければと思います。

■ 公的年金制度の良いところ　～終身年金～

公的年金が果たす役割のひとつに、「終身年金で老後を支える」ということが挙げられます。終身年金ということは、受給者が亡くなるまで年金が支給されるということです。金額はともかく一生涯の収入が確保されるわけです。貯蓄を取り崩すとしても、ベースとなる収入があることは安心材料だと思われます。ちなみに、何年間、老齢基礎年金を受給すれば、納付済保険料総額を上回ると思われますか。

国民年金保険料も、受給額も、将来変化しますが、仮に、2023年度価格で固定した場合にどうなるかを試算してみます。

2023年度の国民年金保険料：月額16,520円（年間にすると198,240円）
⇒仮に40年間この保険料の金額だったとすると、納付額の総額は、7,929,600円です。
2023年度の年金額（満額）：795,000円。

7,929,600円÷795,000円＝9,974……年

単純に考えれば、10年程度で納付済保険料を回収できます。受給開始年齢を65歳だとすると、75歳以上まで生きることができれば、損にはならないということです。

年金額が減ることも鑑みて、年金額を仮に50万円としても16年程度で回収できます。民間の長生きに対応した終身の年金保険は、男女の差はあるもののおおむね90歳前後まで生きなければ、一般に保険料負担のほうが高くなります。それらと比較すると、公的年金は決して悪い制度ではないといえるのではないでしょうか。

なお、後述する「ねんきん定期便」（23ページ）には、これまでの保険料納付額（累計額）が記載されています。

公的年金は、もっと「損する」イメージがあった！

公的年金の良いところも伝えた上で、お客様のライフプラン実現のために、資産形成が必要かどうかを提案するほうが、お客様にフェアな状態で判断していただくことができます。

公的年金は、金額はともかく終身で受け取ることができます。そのため、やはり老後の生活を支えるベースは公的年金です。ただ、仮に公的年金だけで生活ができたとしても、今後のライフイベントのために一時的に必要となるお金や、ちょっとした贅沢のためのお金は、別にあったほうがよいと思います。その分の資産形成について一緒に考えさせてください。

公的年金の良さも伝えた上で、資産形成の必要性を考える！

<老後の生活について公的年金をベースで考えるイメージ>

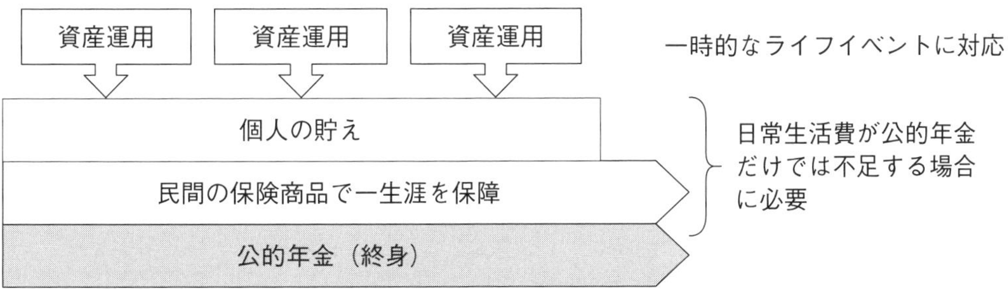

お客様が年金制度も含め、将来の資金計画に不安や心配があるのであれば、自助努力で老後のための資金を貯める行動が必要です。その際、ざっくりでも構いませんので、できれば、お客様にライフイベント表やキャッシュフロー表を作成していただき、今後、まとまった資金が必要となる時期や、毎年の収支がどのように変化するかなどを確認していただくことが大切です。

収支が黒字の時期には、たとえば「つみたてNISA」などを活用した資産形成を提案したり、赤字になる時期がわかれば、そのときにあわせて「つみたてNISA」の解約を検討するといったことができます。あるいは、今後の収支状況を確認したら、思っていたより資金不足に陥ることがなさそうだとわかった場合には、将来に対する不安の解消につながることも考えられます。

<2025年の年金制度改革>

2022年10月から、2025年の年金制度改革に向けた議論が始まっています（年金制度は５年ごとに見直すこととされています）。

その検討事項の中のひとつに国民年金保険料納付期間を40年から45年に延長するといったものがあります。現役世代が減少するとともに、雇用延長等で65歳まで働く人が増加しています。そのため、保険料の納付期間も60歳まででではなく65歳までにしようというものです。これだけを聞くと、保険料負担が増えるだけのようにも思えますが、保険料納付済期間は年金額に反映されますので、悪いことばかりではありません。

また、パートで働く短期労働者が厚生年金に加入できる企業を拡大するなど、保険料を納付する対象者を増やすことも検討するとしています。

（2）年金の財源は、賦課方式だけで賄っているのではありません

年金の財源としては、現役世代が納付する年金保険料のほか、国庫負担や積立金の活用があります。

基礎年金の給付は、国民年金保険料と厚生年金保険料からの拠出のほか、その２分の１相当額を国が税金から負担（国庫負担）しています。そのため、たまに「国民年金保険料を支払っても、受給できるかどうかわからないから、国民年金保険料を支払わずに自分で貯めておく」とおっしゃる人がいますが、この場合、国庫負担分を享受することができなくなります。つまり、国からの援助を一切受けず、自分で貯めたお金だけで老後の資金を賄うことになります。

公的年金は「公的年金保険」とも呼ばれるように、そもそも、保険の仕組みに基づく制度です。保険は、加入者から集めたお金を保険会社が管理・運用し、保険金が必要となった人に給付するといった助け合い（相互扶助）の精神で成り立っているものです。そのため、加入していなければ、すべてを自分で賄わなければならないのです。

なお、2025年の年金制度改革で国民年金保険料の納付期間延長が検討事項に挙げられていますが、納付期間を延長した場合の国庫負担の財源が、課題となっています。

■ 年金積立金の活用

年金制度を持続可能なものとするための仕組みのうちのひとつである「年金積立金の活用」の中核的な役割を担っているのが、年金積立金管理運用独立行政法人（GPIF）です。GPIFでは、公的年金（厚生年金および国民年金）保険料のうち年金の支払い等に充てられなかった資金（積立金等）を市場で運用し、その運用収入を年金給付に活用することによって、将来世代の保険料負担が大きくならないように努めています。

＜年金の財源のイメージ＞

GPIFは、年金積立金の運用にあたっては、「長期的な観点から安全かつ効率的に運用」することを心がけていますが、2014（平成26）年10月31日から、年金積立金の運用に係る基本ポートフォリオ（資産構成割合）の株式の構成割合を50％（国内株式25％、外国株式25％）に拡大し、積極的な運用を行っています。年度によっては、運用損失が発生しているときもありますが（今後も発生するときがあるでしょうが）、2001年度以降2021年度まではおおむね積立金を増やすことに成功しています。

＜累積収益額と年度別収益率（年率）＞

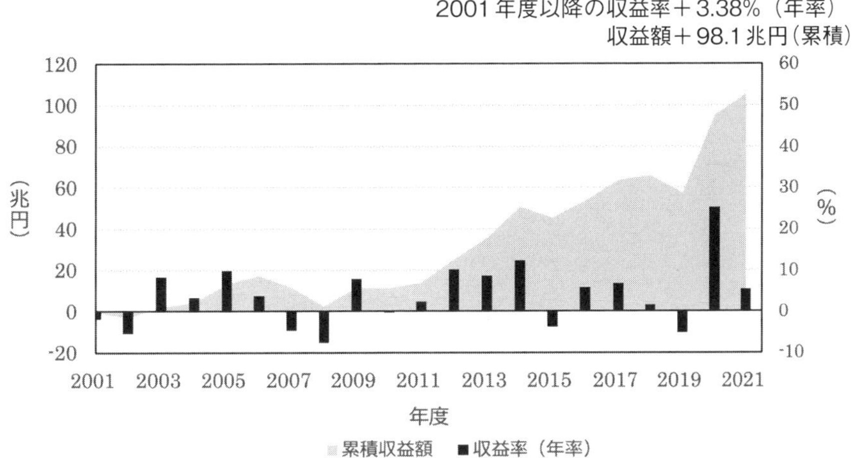

このように、年金制度を持続可能なものとするための仕組みがあることをお客様に伝えることで、お客様は、年金制度に対して少し安心感を抱かれるかもしれません。しかし、「安心してもらったら困る！　不安になってもらわないとセールスできない‼」と思われる販売担当者がいらっしゃるかもしれません。この考え方は、勧誘しやすいように「販売担当者（あるいは金融機関）にとって都合の良い情報」だけをお客様に伝えようとする行為であって、お客様本位とはいえません。商品説明をする際

に、その商品のメリット・デメリットを説明するように、公的年金の話をするときもメリット・デメリットの説明をしたいものです。

また、お客様が不安に駆られて商品を申し込まれた場合、その商品性をよく理解しないまま、混乱した心理状況のもと、申し込まれた可能性があります。

公的年金だけでは、全然足りないらしい。どうしよう？
もう、よくわからないから金融機関が勧めるとおり、投信積立を始めるしかないかな？

このような状況下において、投信積立を始められた場合、自分でよく理解しないまま契約されていることから、損失が発生すると、自己責任の原則の前提であるお客様の理解が不十分なため、苦情の申し出につながることが考えられます。しかも、公的年金だけではお金が不足すると聞いたため投信積立をしたにもかかわらず、投信積立で損失が発生したら、ますますお金が足りなくなる状況に陥ってしまいます。お客様の立場で考えれば、騙されたように思われても不思議ではありません。

少子高齢化の加速が公的年金の持続にとってネックになっている。これは、すぐに止められるものではない。しかし、GPIFというところで年金積立金の運用をして、年金の財源確保にも努めているということだから、手をこまねいて何もしていないわけではないんだ。だったら、やっぱり、公的年金をベースにして、私の将来設計を考えよう。

なお、一般に、前向きな考え方であるときのほうが、新しいことにチャレンジしやすいといえます。確かに、年金に関する問題は心配なことかもしれませんが、お客様に提案する際には、不安を煽るだけでなく、前向きな考えで、投資信託等を含めた資産形成にチャレンジしていただくことを考えたいものです。

もし、「年金は不安ですね」とお客様がおっしゃるのであれば、不安要素を分析し、必要に応じて投資信託等を提案し、さらに、お客様が投資信託等を活用することで、どのような良いことが期待できるのかまで、しっかりと説明したいものです。

投資信託等を活用した場合、元本保証はなく、損失が発生することもあります。しかし、長期・分散・積立により、リスクの軽減を図りながら、タイミングによっては利益の確保も考えていただくことで、将来の生活を少しでも豊かにすることが期待できます。たとえば、利益が生じることによって、将来予定している旅行の回数が１回増える可能性もあります。

不安を煽るだけではなく、資産形成の楽しみも伝えましょう！

＜提案力の源泉は、「課題を見つけ出す力」＞

提案力を身に付けたいと思われた際に、「お客様に、どのような訴えかけをすればよいのだろう」と考える販売担当者がいらっしゃいます。訴える力も大切ですが、その前提としてお客様の課題を見つけ出す力が必要です。

お客様の状況を伺って課題の有無を確認します。たとえば、「預金だけではインフレリスクに対応できません」と訴えても、お客様が「勤めている会社には、定期昇給がある」「物価上昇になっても有り余る資産がある」といった状況であれば、インフレリスクを気にされないかもしれません。お客様に関心を持っていただくためには、お客様のどこに課題があるのかを的確に見抜く力が求められます。

課題が見つかれば、それを解決できそうな方法の提案ができます。また、その際、代替案や解決策を補完できる情報提供ができれば、さらに説得性が増すでしょう。これら一連の対応が「提案力」ではないでしょうか。

お客様の資産状況において○○○が課題として考えられる

その解決策としての金融商品の紹介

その金融商品を保有している人の一般的な見解、保有することによってお客様の資産状況にどのような変化をもたらすのか、データ等による客観的な見解

提案した金融商品の代替案の有無

金融商品の申込みをするかどうかの決定
- ✓ リスクやコストに対するリターン
- ✓ メリットとデメリットの比較
- ✓ 類似商品との比較　など

（3）年金受給者の状況を知ろう

「年金が足りない」という話はよく聞きますが、実際どのようになっているのか、イメージではなく、厚生労働省年金局が公表している「令和３年度　厚生年金保険・国民年金事業の概況（2022年12月）」や生命保険文化センターが公表している「2022（令和４）年度　生活保障に関する調査《速報版》（2022年10月）」などのデータを参考にしながら確認してみます。

データを参考にして、客観的な情報をお客様に伝えよう！

■　厚生年金保険

厚生年金保険（第１号厚生年金被保険者）の年金受給者（受給権が確定し、現に給付を受けている人）の平均月額は、2021（令和３）年度末現在で145,665円です。厚生年金保険（第1号厚生年金被保険者）の受給権者（裁定手続きをして年金を受ける権利が確定した人）の平均月額は、2021（令和３）年度末現在で143,965円です。なお、厚生年金保険（第１号厚生年金被保険者）の老齢年金受給権者の老齢基礎年金を含む老齢年金の平均年金月額は次のようになっています。

	60歳	61歳	62歳	63歳	64歳	65歳以上
男性	88,303円	96,213円	108,082円	90,564円	90,843円	169,006円
女性	80,556円	83,785円	55,371円	51,206円	49,182円	109,261円

厚生労働省年金局「令和3年度　厚生年金保険・国民年金事業の概況（2022年12月）」よりフィナンシャル・ラボ作成

※男性は、原則64歳までは定額部分のない報酬比例部分だけの年金になるため、64歳と65歳で年金額が大きく異なっています。女性は、令和３年度から、報酬比例部分の支給開始年齢が62歳に引き上げられています。

上の表をみると、男女で受給額が大きく異なることがわかります。たとえば、2023年に65歳になる人は、1958年生まれの人です。男女雇用機会均等法が施行されたのは1986年４月ですので、まだまだ女性の賃金が低い時代に厚生年金保険に加入されていたといえます。そのため、男女で大きな格差が生じています。もちろん、今後、この差は少しずつ縮小していくと思われますが、平均月額だけをみていても、本当のお客様の状況を把握することができないことはできません。

また、年金生活といっても、報酬比例部分しか受給できない期間は、65歳以上の期間より厳しいことがわかります。それでは、多くの人が繰上げ受給をしているのかといえば、その受給率は2021年度で0.6%と、かなり低い割合となっています。反対に、繰下げの受給率も1.2%です。繰下げについては、2022年４月から繰下げ受給の年齢が最長75歳になったことで話題になりましたが、これまでの推移をみる限り、ほとんどの人が本来の年齢で受給を開始しています。

たとえば、５年繰り下げて70歳から受給を開始した場合、現在の年金額で計算すると、計算上は82歳が損益分岐点となり、それ以降は年金受給の総額が65歳から受給するよりも多くなります。ただし、ここで「計算上」としたのは、繰下げ受給をすると、受け取る年金額が多くなるため、所得税や住民税の負担が重くなったり、国民健康保険料や介護保険料の負担が多くなったりする可能性があるからです。年金収入が現役並みの所得に該当してしまうと、医療費の自己負担額が３割負担になることや、介護保険サービスの利用も２割もしくは３割負担になる可能性があることも忘れないようにしましょう。

「ライフプランに合わせて資産形成をしましょう」というのはよく提案していたけれど、年金の繰上げ受給、繰下げ受給ができることは話題にしてこなかったかもしれない……。
たとえば、年金額が少ない世帯で65歳からも何からの就労をするというのであれば、繰下げ受給によって年金額を増やすこともひとつの資産形成かもしれない。

＜厚生年金保険（第１号）新法厚生年金保険（老齢厚生年金）受給権者の繰上げ・繰下げ受給状況の推移＞

（年度末現在、単位：人、％）

	総数	繰上げ	受給率	本来	受給率	繰下げ	受給率
令和元年度	26,689,859	102,497	0.4	26,365,725	98.8	221,637	0.8
２年度	27,272,504	128,171	0.5	26,876,735	98.5	267,598	1.0
３年度	27,722,776	155,968	0.6	27,244,571	98.3	322,237	1.2

注１．老齢厚生年金受給権者総数には、特別支給の老齢厚生年金の受給権者を含めていない。これは、特別支給の老齢 厚生年金は繰下げできないためである。
２．老齢厚生年金の繰上げ制度は報酬比例部分の支給開始年齢引上げに伴い導入されている。

再度、厚生年金保険（第１号厚生年金被保険者）の老齢年金受給権者の老齢基礎年金を含む老齢年金の平均年金月額を確認しましょう。65歳以上の男性の平均月額は約17万円、女性は約11万円です。夫婦２人の年金額は28万円になります。この金額であれば、夫婦２人で老後生活を送る上で必要と考えられている最低日常生活費である平均額の月額23.2万円※はクリアできることになります。むしろ、夫婦２人で年金を受給できない期間（一方が65歳以上で、もう片方が65歳未満で、加給年金も支給されない場合）の生活費の補完を考えたほうがよいかもしれません。

※生命保険文化センター「2022（令和４）年度　生活保障に関する調査《速報版》（2022年10月）」

あくまでもデータ上のことになりますが、ご夫婦２人で年金を受給された場合、夫婦２人で老後生活を送る上で必要と考えられている最低日常生活費である月額23.2万円以上は、受給できるのではないかと思われます。
ただし、今後の物価や年金の受給額が変動するリスクに対応するため、何らかの準備はしておかれたほうがよいと思います。

■ 国民年金

受給資格期間が25年以上ある国民年金受給者の老齢年金の平均年金月額は、2021（令和３）年度末現在で56,479円（令和３年度新規裁定者：54,040円）です。満額受給の場合、約65,000円ですので、その金額よりも１万円近く低いのが実態です。

また、国民年金受給権者の繰上げ・繰下げ受給の割合は、厚生年金保険（第１号厚生年金被保険者）の受給権者よりもやや高い割合になっています。

＜国民年金受給権者の繰上げ・繰下げ受給状況の推移＞

（年度末現在、単位：人、％）

	総　数	繰上げ		本　来		繰下げ	
			受給率		受給率		受給率
令和元年度	33,922,246	4,162,552	12.3	29,266,840	86.3	492,854	1.5
２年度	34,205,625	4,004,279	11.7	29,648,008	86.7	553,338	1.6
３年度	34,349,567	3,843,930	11.2	29,893,798	87.0	611,839	1.8

夫婦２人で国民年金の受給者だった場合、２人合わせても月額11万円～12万円程度です。また厚生年金とは異なり加給年金もないため、年齢が離れたご夫婦であれば、その分の補完をどうするか、夫婦２人で年金受給者になるまで働くかなどを考える必要があります。

自営業者の場合、退職年齢を決めているというよりは、自分の体力・気力と相談したり、「赤字にならないうちに店を閉めよう」などといった理由で仕事を辞めたりする人も多いと思います。そのため、資産形成においては、自営業者であるお客様の退職金作りのために、積立等を提案することが考えられます。

お客様がご夫婦２人で年金を受給されるのか、それとも単身世帯なのか、また、受給する年金の種類は国民年金なのか、厚生年金なのか、あるいは厚生年金に加えて企業年金も受給できるのかなどによって、ベースとなる金額が大きく変わる！　お客様が加入されている年金制度についてもきちんとヒアリングをしなければ、お客様にふさわしい提案ができない‼　ヒアリングをする項目は思っていた以上に多い‼

■　年金受給者の生活

厚生労働省「2021（令和３）年　国民生活基礎調査の概況（2022年９月９日）」によると、公的年金・恩給を受給している高齢者世帯の中で「公的年金・恩給の総所得に占める割合が100％の世帯」は24.9％となっています。また、一世帯当たり平均所得金額の構成割合をみると、公的年金・恩給の割合は62.3％となっています。このことから高齢者世帯の生活に占める公的年金等の存在が大きいことがわかります。なお、公的年金等以外にどのような所得があるかといえば、稼働所得※（21.5％）や財産所得※（6.9％）、年金以外の社会保障給付金（0.6％）、仕送り・企業年金・個人年金その他（8.7％）となっています。

※国民生活基礎調査において、稼働所得は「雇用者所得、事業所得、農耕・畜産所得、家内労働所得」を指し、財産所得は「世帯員の所有する土地・家屋を貸すことによって生じた収入（現物給付を含む）から必要経費を差し引いた金額および預貯金、公社債、株式などによって生じた利子・配当金から必要経費を差し引いた金額（源泉分離課税分を含む）」を指します。

＜公的年金・恩給を受給している高齢者世帯における公的年金・恩給の総所得に占める割合別世帯数の構成割合＞

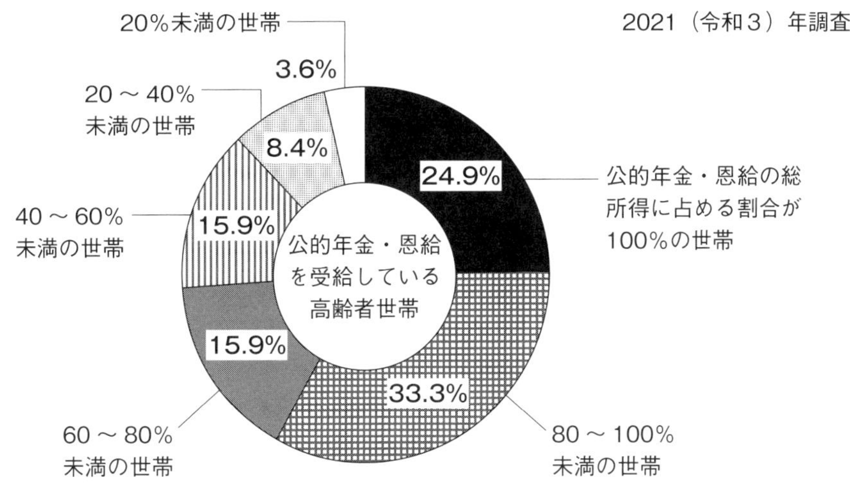

出所：厚生労働省「2021（令和3）年　国民生活基礎調査の概況（令和４年９月９日）」

＜一世帯当たり平均所得金額の構成割合＞

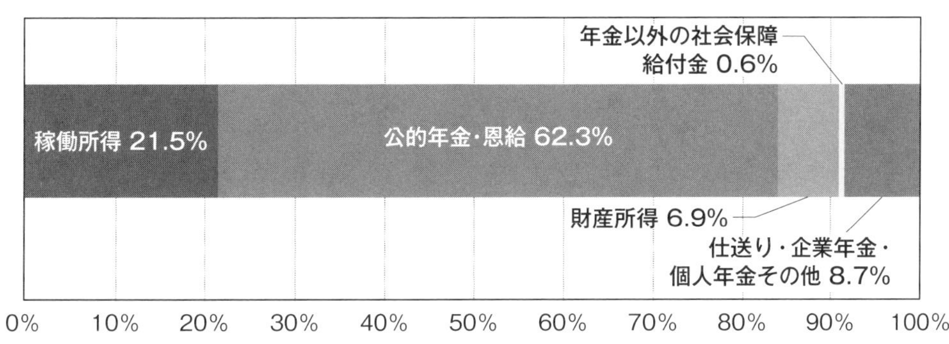

厚生労働省「2021（令和3）年　国民生活基礎調査の概況（令和４年９月９日）」よりフィナンシャル・ラボ作成

このような中、生活が「苦しい」と答えている世帯の割合が半数以上を占めています。高齢になってから「生活が苦しい」と思っても、体力が低下したり、病気がちになったりして働き続けることが難しくなる可能性が高いといえます。また、長年、頑張って働いてきたのに「年金生活になって時間はあるのにお金がないから節約生活をするだけ」というのも残念です。「就労収入が難しくなる」「節約にも限度がある」「節約している以上に物価が上昇している」といったことなどに備えるためには、財産所得を増やしておくことが不可欠です。

また、この調査では高齢者世帯よりも児童のいる世帯※のほうが、生活が苦しいと思っている割合が高いことがわかります。投資信託等を提案する場合、何となく「将来の生活のため」というセールストークを使う販売担当者が多くいらっしゃいますが、現役層の生活にもっと目を向ける必要もありそうです。

※国民生活基礎調査において、児童とは、18歳未満の未婚の者を指しています。

＜各種世帯の生活意識＞

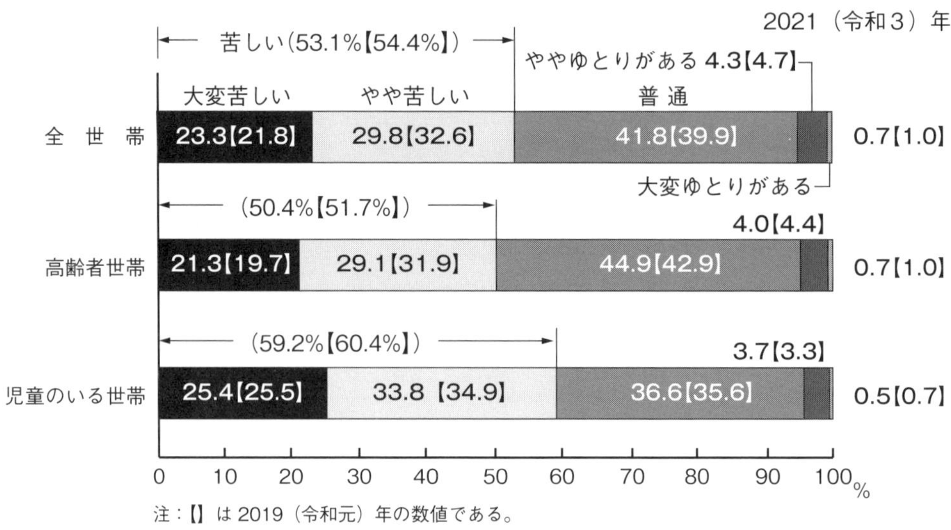

出所：厚生労働省「2021（令和3）年　国民生活基礎調査の概況（令和４年９月９日）」

現在、教育費や住宅ローン等が大変で、生活にゆとりがないというお話を伺いました。そのような方には、積立方式による資産形成をご提案させていただいております。
月々数千円を頑張るか否かで、将来の生活におけるゆとりが変わると思われます。もちろん、今の生活も大切ですので、一定金額を積み立てた後の残りのお金は、今の生活を楽しむために使ってください。

「今月は頑張って節約し、残金を貯蓄しよう」とするよりも、「手取り収入から、まず一定額の貯蓄をし、残金を使う」とするほうが貯蓄体質といえます。

「手取り収入から、まず一定額の貯蓄をし、残金を使う」という貯蓄体質になろう！

特に、普通預金に残高があるとつい使ってしまうタイプのお客様にはお勧めの貯蓄方法です。「節約しなければならない」と思い続けると、お金が貯まるかもしれませんが、ストレスも貯まるかもしれません（そして、ストレス発散として消費行動をしてしまうリスクもあります）。お客様には、「貯める」「増やす」といった提案だけでなく、「使う」楽しみも伝えたいものです。

今まで金融機関で資産形成等の説明を受けると、いつも「老後資金を貯める」といった提案ばかり受けていたのよね。もちろん、それが大切なことはわかっているけれど、今を楽しむことをしたっていいじゃないと思っていたのよ。「貯める」「増やす」「使う」のバランスを説明してもらえるとうれしいです。

また、上の「各種世帯の生活意識」の全世帯の調査で、「苦しい」と回答している世帯の割合が50％以上となっていますが、「普通」と回答している世帯の割合も40％以上となっていることに気をつけたいものです。すべてのお客様が資金不足に陥っており、資産形成が不可欠であるというわけではないことを理解しておきましょう。

お客様は、公的年金で十分に生活費が賄えているようですね。素晴らしいです。それであれば、無理にお金を増やすことを考えなくても構わないと思いますので、少し、価格変動を楽しむという目的で投資信託等をご購入されてはいかがでしょうか？　お金がどう成長していくかをドキドキ・ワクワクしながら楽しんでいただくのもよいと思います。

ただし、高齢になって初めて投資や運用をするのは、ハードルが高いと思われます。そのため、できるだけ現役世代から投資や運用に馴染んでおいていただくことも大切です。

年を取ると新しいことにチャレンジするのが億劫になるんです。でも、若い頃にしていたことは今でもできますね。

なお、生命保険文化センターが行った「令和４年度　生活保障に関する調査（2022年10月）」によると、自分自身の老後の備えについて、公的保障の充実を志向しているのか、自助努力での準備を志向しているのかといった問いに対して、「公的保障充実志向」は38.3％、「自助努力志向」は55.3％と、５割以上が「自助努力志向」という結果になっています。

また、その経済的準備としては、何らかの手段で「準備している」は66.5％、「準備していない」は31.4％となっています。具体的な準備手段では、「預貯金」が49.2％と最も高く、次いで「個人年金保険・変額個人年金保険や生命保険」（39.6％）となっています。

自助努力が必要と思いつつ、まだ準備をしていない人に準備を始めていただくきっかけとして、金融機関側から声を掛けたいものです。

老後の備えについて、準備しないといけないんだろうなと思っていても、どこから始めればよいのかわからないといったお話をよく伺います。一度、資産形成に関する全般的な説明を聞いていただけませんか？　まずは、実際に金融商品を申し込むというよりは、どんな準備をしなければならないのかについてイメージを掴んでいただきたいと思います。

（4）ねんきん定期便などは確認していますか？

お客様が自分の公的年金で、将来の生活が賄えるかどうかを考えるにあたっては、まず、ご自身の年金額を把握していただくところから始まります。

年金額の試算は、インターネットで「年金」「試算」などと入力して検索すれば、金融機関等のシミュレーションサービスのサイトを活用することもできますが、ここでは、「ねんきん定期便」を中心に「ねんきんネット」「厚生労働省　年金シミュレーション」について見ていきます。

■ ねんきん定期便

ねんきん定期便は、年金制度への理解を深めていただくこと等を目的に、毎年誕生日月に、日本年金機構から、国民年金および厚生年金保険の加入者（被保険者）に送られるものです。あまり関心を持たれていないお客様もいらっしゃいますので、販売担当者は、お客様のお誕生日月には意識して声を掛けるようにしましょう。

今月はお客様のお誕生日月でいらっしゃいますね。おめでとうございます。お誕生日月には、毎年、日本年金機構から「ねんきん定期便」が届きますが、ご存知でしょうか？　この機会に、「年金っていくらぐらい受け取れるのだろうか？」「将来の資産形成をしたほうがいいのだろうか？」ということを考えてみてはどうでしょうか？

「ねんきん定期便」って誕生日月に届くんだ。何か、時々案内がくるな、とは思っていたけれど、見てもよくわからないから、あまり見たことがないのよ。

ねんきん定期便は、50歳以上になると、原則として、「65歳時点の老齢年金の見込額」「70歳まで繰り下げた場合の老齢年金の見込額」「75歳まで繰り下げた場合の老齢年金の見込額」が記載されています。

<令和４年度「ねんきん定期便」50歳以上の方（表）>

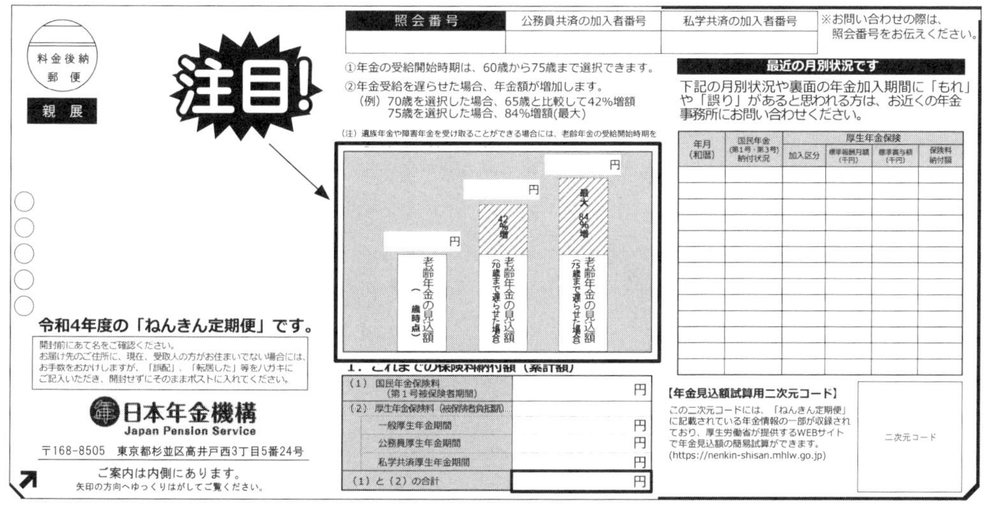

料金後納郵便

親展

令和4年度の「ねんきん定期便」です。

開封前にあて名をご確認ください。
お届け先のご住所に、現在、受取人の方がお住まいでない場合には、お手数をおかけしますが、「誤配」、「転居した」等をハガキにご記入いただき、開封せずにそのままポストに入れてください。

日本年金機構
Japan Pension Service

〒168-8505　東京都杉並区高井戸西3丁目5番24号

ご案内は内側にあります。
矢印の方向へゆっくりはがしてご覧ください。

照会番号	公務員共済の加入者番号	私学共済の加入者番号

※お問い合わせの際は、照会番号をお伝えください。

注目!

①年金の受給開始時期は、60歳から75歳まで選択できます。
②年金受給を遅らせた場合、年金額が増加します。
（例）70歳を選択した場合、65歳と比較して42%増額
75歳を選択した場合、84%増額(最大)

（注）遺族年金や障害年金を受け取ることができる場合には、老齢年金の受給開始時期を

老齢年金の見込額（　歳時点）　円
老齢年金の見込額（70歳まで遅らせた場合）　42%増　円
老齢年金の見込額（75歳まで遅らせた場合）　最大84%増　円

1. これまでの保険料納付額（累計額）

（1）国民年金保険料（第１号被保険者期間）	円
（2）厚生年金保険料（被保険者負担額）	
一般厚生年金期間	円
公務員厚生年金期間	円
私学共済厚生年金期間	円
（1）と（2）の合計	円

最近の月別状況です

下記の月別状況や裏面の年金加入期間に「もれ」や「誤り」があると思われる方は、お近くの年金事務所にお問い合わせください。

年月（和暦）	国民年金（第1号・第3号）納付状況	厚生年金保険			
		加入区分	標準報酬月額（千円）	標準賞与額（千円）	保険料納付額

【年金見込額試算用二次元コード】
この二次元コードには、「ねんきん定期便」に記載されている年金情報の一部が収録されており、厚生労働省が提供するWEBサイトで年金見込額の簡易試算ができます。
(https://nenkin-shisan.mhlw.go.jp)

二次元コード

出所：日本年金機構

60歳未満の人の場合、現在の年金制度に60歳まで継続して加入したと仮定して、65歳から受け取ることができる年金見込額などが表示され、60歳以上65歳未満の人は「ねんきん定期便」作成時点の年金加入実績に応じて、65歳から受け取ることができる年金見込額などが表示されています。そのため、確定ではないものの受給額のイメージが掴みやすいといえます。また、裏面をみれば「老齢基礎年金」「老齢厚生年金」の内訳を確認することもできます。なお、一般厚生年金期間（会社員などの期間）の報酬比例部分には、2021年度の「ねんきん定期便」から厚生年金基金の代行部分の金額も含まれるようになっています（従来、50歳未満の人への「ねんきん定期便」にしか、代行部分を含んだ金額が記載されていませんでした）。この代行部分を含めた内訳は、「ねんきんネット」を利用すれば確認することができます。ただし、「ねんきん定期便」等で確認できるのは、公的年金のことであって、企業年金のことは記載されていません。また、加給年金の受給資格があっても、その金額は記載されていないことに注意が必要です。

しかし、「ねんきん定期便」等を確認することで、将来のベースとなるおおよその収入がわかります。おおよその収入のイメージが掴めたら、次は支出について確認しましょう。これは、現在の支出を参考に、たとえば教育費や住宅ローンなど65歳以降に不要となるものがあれば差し引くなどして算出します。このとき「予定は未定」ですので、さほど神経質になる必要はなく、年金生活になったら、現状の生活水準を保つことができるかどうかという観点でみてみましょう。

もちろん、店頭で、将来の収入・支出について質問しても、的確に回答されるお客様は、ほとんどいらっしゃらないと思います。

私の年金額？　おおよそ90万円ぐらいかな？　夫は180万円ぐらいです。世帯では今使っているお金は、平均すると……。

このようなお客様は、あまりいらっしゃらないよな～。

もちろん、わからなければ、これまで学習してきた生命保険文化センターが公表している「夫婦２人で老後生活を送る上で必要と考えられている最低日常生活費」や厚生労働省年金局が公表している「厚生年金保険・国民年金事業の概況」、あるいは総務省の「家計調査報告」の金額などを参考にして資産形成等の必要性を説明することもできます。しかし、お客様に、一般論ではなく、自分にとって何が必要かを考えていただくためには、少し労力や時間はかかりますが、お客様自身の家計収支に目を向けていただく必要があります。

<総務省「家計調査報告」>

家計調査報告とは、総務省統計局が国民生活の実態を知るために行っている調査の報告です。日本国内の家計の支出を通じて個人消費の動向を捉えることができます。2019年通期の調査結果では、夫婦高齢無職世帯の家計収支の月額不足額が約5.5万円とされ、そこから算出された「老後資金として2,000万円が必要」という金額が、いわゆる「老後2,000万円問題」の基となりました。2022年通期の調査結果では、月額不足額が約2.2万円と少なくなっていますが、まだ、コロナ禍の影響があるため、交際費等がやや少なめであったためと思われます。

50歳未満の人に送られる「ねんきん定期便」には、「これまでの加入実績に応じた年金額」が記載されていることに注意が必要です。年金額の計算には、保険料納付月額の要素があるため、たとえば35歳の人であれば、20歳から加入し未納期間がなかったとしても、まだ180か月(15年)分で計算した年金額しか記載されていません。そのため、一瞬「年金額ってこれだけ？」とびっくりされるかもしれませんが、「これまでの加入実績に応じた年金額（昨年)」と「これまでの加入実績に応じた年金額（今年)」の記載がありますので、１年でどれだけの違いがあるのかを確認していただければ、このまま加入し続けていても大丈夫だと安心されるのではないでしょうか。

<令和４年度「ねんきん定期便」50歳未満の方（表）>

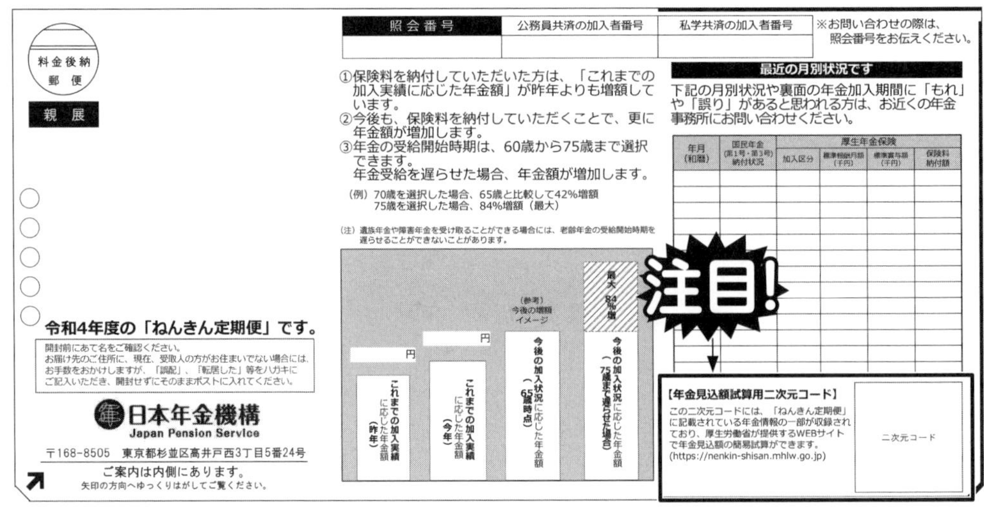

料金後納
郵便

親展

令和4年度の「ねんきん定期便」です。

開封前にあて名をご確認ください。
お届け先のご住所に、現在、受取人の方がお住まいでない場合には、お手数をおかけしますが、「誤配」、「転居した」等をハガキにご記入いただき、開封せずにそのままポストに入れてください。

日本年金機構
Japan Pension Service

〒168-8505　東京都杉並区高井戸西3丁目5番24号

ご案内は内側にあります。
矢印の方向へゆっくりはがしてご覧ください。

照会番号	公務員共済の加入者番号	私学共済の加入者番号

※お問い合わせの際は、照会番号をお伝えください。

①保険料を納付していただいた方は、「これまでの加入実績に応じた年金額」が昨年よりも増額しています。
②今後も、保険料を納付していただくことで、更に年金額が増加します。
③年金の受給開始時期は、60歳から75歳まで選択できます。
年金受給を遅らせた場合、年金額が増加します。

（例）70歳を選択した場合、65歳と比較して42%増額
75歳を選択した場合、84%増額（最大）

（注）遺族年金や障害年金を受け取ることができる場合には、老齢年金の受給開始時期を遅らせることができないことがあります。

これまでの加入実績に応じた年金額（昨年）　円
これまでの加入実績に応じた年金額（今年）　円
（参考）今後の増額イメージ
今後の加入状況に応じた年金額（65歳時点）
今後の加入状況に応じた年金額（75歳まで遅らせた場合）　最大84%増

最近の月別状況です

下記の月別状況や裏面の年金加入期間に「もれ」や「誤り」があると思われる方は、お近くの年金事務所にお問い合わせください。

年月（和暦）	国民年金（第1号・第3号）納付状況	厚生年金保険 加入区分	標準報酬月額（千円）	標準賞与額（千円）	保険料納付額

注目!

【年金見込額試算用二次元コード】
この二次元コードには、「ねんきん定期便」に記載されている年金情報の一部が収録されており、厚生労働省が提供するWEBサイトで年金見込額の簡易試算ができます。
(https://nenkin-shisan.mhlw.go.jp)

二次元コード

出所：日本年金機構

「これまでの加入実績に応じた年金額」だから、結局、自分がどれだけの年金を将来、受給できるのか、わからないわね。

「ねんきん定期便」だけでは、65歳からの見込額を知ることはできません。ただし、「ねんきん定期便」には、「年金見込額試算用二次元コード」が記載されています。この二次元コードには、「ねんきん定期便」に記載されている年金情報の一部が収録されており、厚生労働省が提供するWEBサイト（公的年金シミュレーター・2023年３月現在　試験運用中）で年金見込額の簡易試算ができます。二次元コードを読み取った後、基本情報として生年月日を入力するだけで、現在の加入条件が継続した場合の、年金見込受給額が表示されます。二次元コードがなくても、年収や、就労期間を入力することで概算額を見ることもできます。

たとえば、1990年９月生まれの会社員（第１号厚生年金加入者）の人が22歳から60歳までの期間、厚生年金保険料を納付し、その間の年収が450万円として試算した場合、年金見込受給額は年167万円と算出されました（試算した年金額は概算シミュレーションであり、実際の支給額とは異なる場合があります）。

年金は年額167万円？　夫婦２人で単純に334万円を受け取るとしたら、月に使えるのは27万円程度か。生活費は足りる気がするけれど、旅行や家電製品、車の買換え等を考えると、やっぱり年金だけの生活は厳しそうだ。しかも、このまま独身だと、１人分の年金で暮らすことになるから、友達が子供の教育費に回しているお金を貯蓄に回すようにしなければ！

なお、今後の収入等を変更して計算したいときは、ねんきんネットのトップ画面の「将来の年金額を試算する」から「試算条件で試算」を選択し、条件等を入力して年金見込受給額を算出することができます。「かんたん試算」を選択した場合、現在の加入条件が今後も継続すると仮定した場合の年金額が算出されます。このようにして、お客様の実情にあった金額に基づいて提案することで、お客様は、もう少し具体的に資産形成等の必要性を実感できると思います。

年金額を確認したり調べたりすることは、少し面倒と思われるかもしれませんが、お客様に合った資産形成を検討するためには必要なことです。服を買うときも、採寸をしたほうが、より身体に馴染む服を選ぶことができますよね。ただし、服にフリーサイズというものがあるように、年金等も各省庁が公表している平均的なものを参考にすることもできます。まずは、その金額を参考に資産形成を考えていただき、少しずつ、自分に合った資産形成の方法や目標額を考えていただいてもよいかもしれません。

2 投資は不安・怖いと思っているお客様への提案のポイント

（1）身の回りには価格変動リスクがいっぱいです

投資の経験のないお客様にとって、「投資」「運用」という行為は、自分とはかけ離れたもので、知識のある人が行うものと思いがちです。また、「価格が変動する」というと、そんな難しいことはわからないという先入観を持たれていることも多くあります。

今まで投資なんてしたことがない。価格が変動するなんて、説明を聞いてもわからないから預金のままでいいわ。

しかし、よく考えると、お客様は、日常、数多くの価格変動リスクに直面しながら生活されています。まずは、価格が動くということは、別に特別なことではないことに気付いていただきましょう。

2022年から2023年にかけて、物価の高騰が目立ちました。たとえば、2022年８月から2023年１月までの消費者物価指数（総合）は、いずれの月も前年同月比３％あるいは４％を超える上昇率となっています。様々な食品が値上げされ、ニュースでも大きく取り上げられたことから、物価上昇を身近に感じた人も多かったと思います。

■ 農林水産省「食品価格動向調査」

農林水産省は、食品価格動向調査を実施し、食品の小売価格が高騰するなどの異常がないか、便乗値上げ等が行われていないかなど、食品の小売価格の動きについて把握を行い、その結果を公表しています。昨今は加工食品の価格行高騰が目立ちます。

＜2023年２月の調査結果の例＞

調査期間	品目	食パン	即席めん	マヨネーズ	食用油（キャノーラ油）
2023/2/13～15	価格	514円/kg	182円/個	375円/500g	512円/kg
	指数※	110.7	111.2	128.9	162.2
	前年比	▲0.7%	＋0.0%	▲0.5%	＋0.0%
	平年比	＋9.9%	＋14.5%	＋26.3%	＋55.7%

出所：農林水産省「食品価格動向調査」

このほか、電気代やガス代といった光熱費やガソリン代なども値上がりしました。金額の変動といえば、そもそも老齢基礎年金は、毎年、給付額の見直しがされます。値上げばかりではなく、値下げされることもあります。たとえば、スーパーマーケットの特売日には、卵をいつもより安く買うことができたり、11月の最終金曜日のブラックフライデー前後には、様々なセールが行われ、数多くの商品の価格が下げられたりします。

これらの状況を鑑みると、私たちは、価格変動リスクを取りながら生活しているといえるのではないでしょうか。

給与等の上昇がないまま物価が上昇すれば、家計を圧迫することになります。物価が下がれば家計に余裕ができます。物価の変動によって支出金額が異なってくるといった、リスクに直面しているといえます。また、物価が変動しなくても、たとえば「今月は冠婚葬祭に伴う出費が多く、収入に比べて支出が多かった」といったように、一般に毎月の収入はあまり変わりませんが、支出の額は月によって変わります。

私たちは、このような変動（リスク）を無意識のうちに受け入れたり、コントロールしたりしながらリスクと向き合って生活しているのかもしれません。あるいは、変動することが当たり前で、さほど気に留めずにいるのかもしれません。

そう考えると、お客様が「投資や運用は私には無理」と決めつけてしまっていらっしゃる場合でも、実は価格変動リスクについてすでに理解されていて、許容できるのかもしれません。また、仕組みを理解し変動することが当たり前だと理解できれば、リスクを取ることに抵抗がなくなる可能性もあります。

「投資」「運用」というと、今までご経験がないため、何か特別なことのように思われるかもしれません。しかし、その本質は「価格変動リスクを取る」ということです。日常生活において、価格の変動はよく経験されていますよね？

「投資」や「運用」は、価格変動リスクをコントロールしながらお金を増やそうとすることだと考えると、今までお客様が日常生活で培われた経験で十分対応できるのではないでしょうか。

お客様に改めて考えていただきたいのは、私たちの身の回りには、価格が変動するものがたくさんあるのに、価格が変動しないものにだけお金を預けていて本当によいのかということです。

円安の影響でガソリン価格が上がるのであれば、円安によって資産価値が上がるものを持っていればよいかもしれません。物価や景気の上昇によって価格が上がるのであれば、一般に物価や景気の上昇によって価格が上がる株式やREIT、あるいはそれらを組み込んだ投資信託を保有するのがよいかもしれません。

預金は悪いものではありません。しかし、身の回りには価格が変動するものがたくさんあります。もちろん、あまり動かないものもあります。それらには預金で十分対応できますが、価格が変動するものへの対策として、価格が動く金融商品を少し保有されても悪くないと思います。

私たちは価格が変動するということを日常から経験しています。

（2）知らないうちに投資の基本行動を実践しています

投資においては、長期・積立・分散投資が基本です。投信積立であれば、ドルコスト平均法を活用することが考えられます。

投資の基本行動は「長期・積立・分散」投資！

実は、私たちは、これらの投資に係る基本行動を、日常的に多く実践しています。たとえば、家族等が大きな病気をした後、少し回復したものの、また体調を崩してしまった場合、どのような声掛けをされるでしょうか。

体の調子がいいときも悪いときもあるわよ。しっかり回復するのを待てばいいのよ。

これは長期投資の考え方に通じます。マーケットも上昇局面と下落局面があります。短期で慌てても仕方がなく、満足のいく局面を待つという行動です。

子育ても同じ感覚かな？　反抗期があったり、親の思い通りに育ってくれなかったりすることも多いけれど、長い目で見守っているわ！

積立に関してはどうでしょうか？

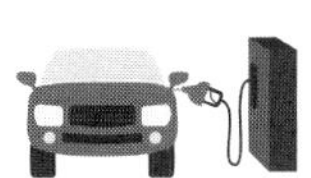

ここのガソリンスタンドは、家の近所のガソリンスタンドよりも１ℓ当たりの価格がとても安い！　安いところで満タンに給油しておこう。

この考え方は、まさにドルコスト平均法に通じるものがあります。安いときにはガソリンを満タンに給油し（多くの量を買い）、高いときは必要最低限だけ給油する（少しの量を買う）のです。それが得な方法ということを認識されている人は多いのではないでしょうか。また、今も安い気がするけれど、もしかしたら来週はもっとガソリン価格が安くなると思った場合、どうされますか。とりあえず、満タンに給油はせず、当面必要な分だけを確保するという行動を取られる人がいらっしゃるのではないでしょうか。これは時間分散の考え方です。

さらに、たとえば「最近、ニンジンの値段が高いけれど、ピーマンは比較的安い。しばらく緑黄色野菜を取る際には、ピーマン中心で補っていこう」と、全体のバランスを考えて緑黄色野菜が不足しないための行動を取った場合、これは、投資比率を考えたり、資産全体のバランスを考えたりすることに通じます。

「電気代が上がってきたから、使っていない部屋の電気はこまめに消すことにする」という行動はどうでしょうか。電気料金は、基本料金等のほか使用電力量によって支払金額が変わるため、使用電力量を抑えて支払金額を下げよう（節約しよう）とする試みです。

金融資産でいえば、リスクが高まってきた資産に対して一部解約するなど、その割合を減らす（リバランスする）といった行動と同じ考え方になります。

また、リスクの大きさについては、「電気代やガス代などの光熱費の価格上昇が大きかった一方で、水道代はさほど変わっていない」といったことがあるように、すべての価格の変動幅（リスク）が同じではないということも知っています。

つまり、「投資に対する知識はありますか」と改めて聞かれると、投資や運用は難しいことのように感じられるかもしれませんが、今まで経験してきたことの延長線上で考えてもらうことができれば、お客様が持つ「投資」や「運用」のイメージが変わり、もう少し身近なものと感じていただけるかもしれません。

確かに「資産形成なんてよくわからないし、あまり興味がない」といわれるお客様が、金利上乗せキャンペーンには敏感に反応されることがある。これは、立派な資産形成のための行動だ！

お客様は、自分にとって利益になるかどうかということが気になります。しかし、販売担当者は、商品の特徴等を説明できても、お客様にとって何が利益になるのかをあまり上手く説明できていないように思われます。

お客様は、「近視眼的な行動」や「損失回避の行動」を取られる傾向があります。日本証券業協会「個人投資家の証券投資に関する意識調査（2022年10月19日）」によると、お金を必ずもらえるとの前提で、「①今10万円をもらう」「②１年後に11万円をもらう」という２つの選択肢があった場合に、①を選ぶと回答した人の割合は35.7％でした。年代が上がるにつれて「今10万円もらう」の割合が高くなる傾向があります。

これは、受け取ることができるものがあれば、今、受け取っておきたいという気持ちであり、もしかすると、１年後に11万円をもらうことができないのではないかいった懐疑心があるからかもしれません。

このような考え方を持つお客様には、毎月分配型の投資信託が向いているのかもしれません。分配金が支払われると、その金額相当分の基準価額は下がるのですが、毎月分配型投資信託は、将来の基準価額の増大よりも、今の分配金の支払いを目的とした投資信託だからです。

また、同調査では、10万円を投資すると、半々の確率で２万円の値上がり益か、１万円の値下がり損のいずれかが発生する場合、投資をするかしないかの調査もしています。値上がり益の金額のほうが多く、利益になる確率は50%です。この結果、全体では、「投資する」と回答した人の割合が、「投資しない」と回答した人の割合を若干上回っています。男女差でみると、女性のほうが「投資しない」と回答している割合が高くなっています。損失回避行動をとるお客様には、相対的にリスクの低い投資信託等や積立投資などが向いていると思われます。

<お得感がわかれば、行動に移すことができる？>

お客様は、お得感がわかれば、行動に移すことができるのかもしれません。

たとえば、コロナ禍からの景気刺激策として多くの自治体が、地域クーポン券を発行しました。名称や内容は様々ですが、地元の商店等で利用できる13,000円分のクーポン券を１万円の支払いで購入できるといったものなどがありました。また、いくつかの自治体で、そのクーポン券の利用の際はアプリをダウンロードし、スマホ等で二次元バーコードを読み取って決済する方法を採用していました。

この結果、スマホ等で決済する方法なんて使ったことがないからわからないといって、地域クーポン券の購入に至らなかった人もいますが、１万円に対して3,000円も得になるのであれば、アプリ決済ができるように頑張るといった人も多くいらっしゃいました（一時期、高齢者が集うとワクチン接種と地域クーポン券の使い方の話題で盛り上がっていたそうです）。

では、販売担当者は、金融商品を勧誘する際に、この金融商品を保有することでお客様にとって何が利益になるのか、その「お得感」を示しているでしょうか。もちろん、元本保証も利回り保証もないので、地域クーポン券のように「１万円分の購入で3,000円もお得になります」といった説明はできません。しかし、人の心理として、「元本保証も利回り保証もなく、何が得なのかわからないもの」を購入しようとするでしょうか。

絶対とはいえないまでも、せめて、お客様の将来の生活を豊かにするために勧誘しているという気持ちがお客様に伝わるようにしたいものです。

（3）間接的にすでに投資家です

投資や運用については興味がないといわれるお客様は多くいらっしゃいます。しかし、そのようなお客様が加入されている公的年金制度、あるいは民間の保険商品は、その保険料等を株式や債券などの金融商品で運用していることから、お客様は「間接的な投資経験者」ともいえます。

「1．（2）年金の財源は、賦課方式だけで賄っているのではありません」（10ページ）でも説明しましたように、私たちの老後の備えのベースとなる公的年金の積立金は、GPIFが運用しています。GPIFは、厚生労働大臣から示された第4期（2020年4月1日からの5か年）中期目標において、年金積立金の運用目標について、「長期的に年金積立金の実質的な運用利回り（運用利回りから名目賃金上昇率を差し引いたもの）1.7%を最低限のリスクで確保することを目標とし、この運用利回りを確保するよう、基本ポートフォリオを定め、これに基づき管理を行う」としています。その基本ポートフォリオの資産構成割合は、次のようになっています。

＜2020（令和２）年４月１日からのポートフォリオ＞

		国内債券	国内株式	外国債券	外国株式
資産構成割合		25%	25%	25%	25%
乖離許容幅	各資産	±7%	±6%	±8%	±7%
	債券・株式	±11%		±11%	

現在、国内外の株式・債券の基本割合は各25%となっていますが、第1期（2006年度～2009年度）のポートフォリオでは、国内債券の比率が67%を占めていました。国内金利の水準が非常に低いため、年金積立金を積極的に運用する方向に舵取りをしたことがうかがわれます。

お勤めの会社で企業年金制度が導入されている場合、確定給付年金であっても、年金資産は、信託銀行等へ信託されるなどして運用されています。

民間の生命保険会社も加入者が納めた保険料を運用しています。生命保険協会が公表している「2022年版　生命保険の動向（2022年11月）」によると、生命保険協会加盟の生命保険会社の損益状況の中に「資産運用収益」という項目がありますが、これは2021年の経常収益約50兆円のうち、約13兆円を占めています。収益の約26%は資産運用によって得られているわけです。もちろん、資産運用といっても譲渡益だけではなく、約13兆円のうちの7.7兆円はインカム（利子配当）収入です。このほか、為替差益もあります。

＜損益状況の推移＞

（億円）

	収益						費用						
	経常収益	保険料等収入	収入保険料	資産運用収益	インカム収入	その他	経常費用	保険金等支払金	責任準備金等組入額	資産運用費用	事業費	その他	経常利益
2019	468,188	330,126	314,113	90,788	74,697	47,272	446,132	295,477	48,290	41,187	47,143	14,031	22,055
2020	490,437	309,430	291,978	141,267	73,207	39,738	458,498	301,386	80,214	17,746	46,017	13,132	31,939
2021	503,376	320,141	298,247	131,803	77,277	51,430	471,680	314,366	77,856	19,450	46,580	13,424	31,695

出所：一般社団法人生命保険協会「2022年版　生命保険の動向（2022年11月）」よりフィナンシャル・ラボ作成

有価証券の内訳をみると、2021年度においては、46.5％を国債で運用しており、次いで外国証券の構成比が高くなっています。

＜有価証券の構成比内訳の推移＞

（％）

	国　債	地方債	社　債	株　式	外国証券	その他の証券	合計金額（億円）
2019年度	47.0	3.1	8.8	5.8	30.5	4.7	3,218,383
2020	45.9	2.6	8.3	7.3	31.0	4.8	3,431,132
2021	46.5	2.2	7.8	7.0	31.9	4.6	3,495,060

出所：一般社団法人生命保険協会「2022年版　生命保険の動向（2022年11月）」よりフィナンシャル・ラボ作成

これらのポートフォリオを見ると、「今、国債なんて利回りが低いのに……」と思われるかもしれませんが、GPIFも生命保険会社も基本的に長期的な運用をするため、期間が20年や30年、40年といった超長期国債にも投資します。これらは短期債に比べ、インカム収入が多くなっています。このようなことも長期投資の良さであるかもしれません。個人で超長期国債を購入することはあまりありませんが、保険商品などを通じて、間接的に購入し、そのインカム収入を得ているのです。

このように、直接投資をされないお客様であっても、間接的に投資されていることは多いといえます。お客様にこれらの事実を知っていただき、「不安・怖い」と思っている投資は、広く一般的に行われているものであることを知っていただくことが大切です。

「投資は何となく不安・怖い」と思われているようですが、実は、年金制度等を通じて、「間接的な投資家」になっていらっしゃいます。投資・運用というのは、広く一般的に行われているものなのです。

自分で決めることができないのよ。誰かが運用してくれるのだったら、それはそれでいいわ。

このようにおっしゃるお客様は、実は投資信託に適したお客様ではないでしょうか。投資信託は、投資対象や投資のコンセプト・目的などについては、お客様本人が選択しなければなりませんが、実際に運用するのは投信会社です。「今後、成長性の見込める会社の株式で運用するのがいいわ」と決められた場合、どの会社が、今後、成長性が見込めるのかを判断するのは、お客様ではなく投信会社です。

でも、確定給付型の企業年金であれば、決まった年金額を受け取ることができるから、元本割れを心配しなくても済みますよね？

確定給付型の企業年金は、表面上は、年金額が確定しているので安心なもののようにみえるかもしれません。しかし、確定給付型の企業年金において、積立金不足が生じた場合の追加負担が企業にとって大きな問題となっています。積立金不足解消を充当する追加負担のため、企業業績は良いのに、ボーナスが減るといったことが起こる可能性もあります。そのため、昨今、確定給付型の企業年金から確定拠出型の企業年金に移行している企業が多くなっています。

企業型確定拠出年金（企業型DC）を導入している企業にお勤めの場合、企業内で投資教育を受けることによって、実際には定期預金や保険商品を選択していても、投資の基礎知識は身に付けていらっしゃるかもしれません。また、同僚など身近な人が企業型DCの運用を投資信託でされていると、運用も特別な人だけが行っているものではないことに漠然と気付いていらっしゃるかもしれません。

お勤めの会社は企業型DCを導入されていらっしゃいましたね。では、改めて「長期・積立・分散」投資のポイントを説明させてください。お客様の企業型DCの運用にとっても知っていて損にはならない話です。

運用とか投資って案外、身近なところにあったんだね。

（4）不安・怖いという心理

身近なところにあるとわかっても、申し込んだことがないものに警戒心を持つのは当たり前です。お客様が定期預金を何の抵抗もなく申し込まれるのは、元本保証ということもありますが、親や兄弟なども定期預金に預入れをしており、定期預金に預け入れすることに何の疑問も持たれないからです。しかし、投資信託等については、自分の周りで保有している人がいなければ、自分には関係ないものと思われるかもしれません。

インターネットで「投資信託」「損をするか」といった条件で検索すると、「損をする商品だから購入すべきではない」といった情報ばかり表示されることがあります。インターネット検索は便利ですが、検索方法によっては偏った意見ばかりヒットしてしまうことに注意しなければなりません。

投資信託に対してネガティブなイメージを持っていらっしゃるお客様に提案する際には、まずそのネガティブな思いに共感するところから始めましょう。

（お客様の言葉に共感して）おっしゃるとおりです。やはり元本保証がないというのは不安ですよね。

このような共感なく、いきなり「収益性を追求しなければ、今の預金金利では資産を増やすことができませんよ」といってしまうと、お客様は「売りつけられる」と思い、ますます警戒心が強くなります。まずは、不安であるというお客様の気持ちを受け止めましょう。

ところで、元本保証にこだわられる理由は何ですか？

損するのは嫌に決まっているじゃない。

確かに、私も100円たりとも損するのは嫌です。

この「嫌だ」という気持ちは感情です。提案する際には、感情を受け止めた上で、その必要性について考えなければなりません。たとえば、好き嫌いの多いお子様がいらっしゃったとして、子供の成長に必要だと思ったら、好きではない食べ物も食べるように勧めると思います。

「好きか嫌いか」ではなく「必要かどうか」を考えていただくように努めることが大切！

■ 嫌だと思う気持ちを超えるメリットがあるのかを考える（子供の好き嫌いの例 1）

これ、嫌い！

サッカーが上手になるための栄養素が含まれている大切な食べ物なのよ。

この場合、嫌いな食べ物を食べた効果を説明しています。子供は嫌いという気持ちとサッカーが上手になりたいという気持ちの間で揺れ動くことが考えられます。つまり感情論ではなく、もう少し冷静に判断しようとしているのです。金融商品の提案の際にも、「投資は嫌」という感情論から、客観的に投資が必要かどうかを判断する話をするのがよいといえます。

確かに、私も100円たりとも損するのは嫌です。でも、物価が大きく上昇しているのに、私の給与はその分上がっていないので、「お金に働いてもらう」選択肢を考えなければ、全然、お金が貯まらないと思いました。

冷静に判断していただくためには、元本保証のない商品に投資しても、必ず損をするわけではないことを伝える必要があります。「（2）知らないうちに投資の基本行動を実践しています」（30ページ）でも述べたように、「損失回避の行動」を取る人、つまり、損失の発生を過剰なほど恐れている人が一定程度いらっしゃいます。そのため、リスクを軽減する方法のほか、余裕資金で投資しなければならないといった基本的な考え方をお客様に説明することも大切です。

たとえば、この50万円を投資信託で運用し、5年後に想定外の出費が発生したとします。そのとき、投資信託の評価額が45万円だったとすると、その出費を投資信託の解約代金で賄おうとすると、投資信託に損失が発生してしまいます。このような場合に、他の定期預金等でその出費を賄うことができるのであれば、余裕を持った投資ができると思います。

■ 他にどのような人が活用しているのかを伝える（子供の好き嫌いの例 2）

嫌いな食べ物に関して「実は、お父さんもおじいちゃんも好きな食べ物だよ」と聞くと、子供は「え〜、そうなの？」と思いつつ、少し気になるかもしれません。

金融商品においても、どのような人が投資しているのかは、お客様の気になるところかもしれません。そのため、具体的な顧客層をお客様に伝えることが考えられます。

たとえば、積立投資であれば、毎月、普通預金残高が１万円以上ある人にご検討いただくことが多いです。

すぐに使う予定がなく、何となく1年ものの定期預金に気がついたら何年も預けっぱなしのお客様が、投資信託の説明を聞いてみようと思われることがあります。

最近は、社会人になったばかりの人も投資信託を申し込まれます。AI関連の超スーパーエリートの人ではありませんよ。

このような顧客層に自分が当てはまれば、お客様は、自分にもできる、あるいは自分が申し込んでも問題のない金融商品だと認識されるでしょう。

また、嫌いな食べ物を食べることができるようにするため、すりつぶしてみたり、味付けを変えてみたりと、様々な工夫をするのと同じように、形を変えた伝え方などを考えることも大切です。そのためには、マニュアル通りの説明を行うのではなく、どのようにすれば、お客様に投資信託の良さや必要性が伝わるかを、販売担当者自身がよく考える必要があります。

そもそも、不安という感情は「わからない」ことから起こると考えられます。このお客様がわからない部分を販売担当者が的確に把握し説明することで、お客様の不安は納得に変わることがあります。

わからなければ不安になる。
丁寧に説明することでお客様の不安を「納得」に変化させる！

「元本保証がない金融商品」と聞くと、「安心できないもの」と思われるかもしれませんが、なぜ元本保証がないのか、預金等との違いを丁寧に説明し、元本保証がないことを理解していただければ、お客様の不安な気持ちが和らぐ可能性があります。

直接金融と間接金融の違いがわかれば、誰がリスクを負う必要があるのかがはっきりするかもしれない。

リスクについても、単に「株価変動リスクがあります」と説明するのではなく、どのようなときに株価が変動するのかをお客様が理解できるように説明しておけば、お客様は株価が下がった場合でも、その理由が理解できるので自分で判断できます。

たとえば、投資対象となっている企業（仮に、バイオ関連企業とします）の今期の決算発表が良かったのに、基準価額が下がった場合を考えてみます。株式は景気の動向をみる上で先行指標であることを知っていれば、「今期の業績は良かったけれど、来期があまりよくないのかな？　だから下がってしまったのかもしれない」と判断できます。しかし、そのことを知らなければ、「バイオ関連企業は総じて業績がよかったと新聞に出ていたのに、なぜこの投資信託の基準価額は上がらないんだ。話が違うじゃないか」と思われます。そして、投資はよくわからないから怖いと思ってしまうかもしれません。

お客様に理解していただくことは、コンプライアンスの観点で意識されているかもしれませんが、お客様の不安を払拭するのにも役立つのです。

試験の問題がまったくわからずお手上げだったときは、確実に不合格だと思って不安にもならないけれど、解けた気もするけれどひっかけ問題があったんじゃないかと思うときは、合格しているかどうかがわからなくて、大丈夫かな、と不安な気持ちになるね。

投資に対して不安に思われるのは、投資とは結局どのようなことをするのかがわかりづらいからかもしれません。まずは、投資信託の仕組みを聞いていただき、投資信託とはどのようなものかをご理解いただくことが大切ですが、理解してもやはり不安・怖いと感じられた場合には、投資を勧誘すべきではないでしょう。

丁寧な説明をすると、時間がかかります。もっと効率的な営業をしたいと思われるかもしれませんが、それはお客様本位の考え方ではありません。お客様に理解していただくための時間を惜しんではいけないのです。ただ、どのように説明すればお客様に早く理解していただけるだろうかと考えることは大切です。

なお、2023年の通常国会において金融商品取引法の一部改正がされ、その中でお客様に金融商品取引契約の内容について情報提供する際には、そのお客様に理解される方法および程度の説明をすることが、法律で義務付けられることとなりました。お客様に理解していただくように努めることは法律で定められていることなのです。また、「金融サービスの提供に関する法律」が「金融サービスの提供及び利用環境の整備等に関する法律」に改められ、お客様の最善の利益を勘案しつつ、誠実かつ公正に業務を遂行すべきことなどが、新たに規定されています。

<提案力を身に付けるためには努力が必要！>

販売担当者は、お客様にどのような説明をすれば投資等に興味を持っていただけるのかといった工夫をしているでしょうか。何となく、使えそうなセールストークを並べている販売担当者が見受けられます。確かに投信会社等の研修の中で「このセールストークやキーワードはいいな」と思うことがあるでしょう。しかし、提案は言葉遊びではありません。お客様に適した提案でなければ、どんなに上手い説明を行ってもお客様の心には響かないということを理解しておく必要があります。歌にたとえると、音程やリズムが合っている歌は上手くても、それだけでは心に響かない（刺さらない）のと同じです。聞き入ってしまう歌は、「気持ち」が込められています。

つまり、誰かが考えた「使えるセリフ」を活用する場合には、そのセリフにキチンと思いをプラスしなければ、心に響く提案にはなりません。提案力は、誰かの真似をしているだけでは身に付かないのです。最近は、インターネット検索をすれば様々なセールスの仕方も検索できますが、自分で考えることの大切さを忘れないようにしたいものです。

そもそも、このお客様になぜ投資信託等を勧めたいと思ったのかをよく考える必要があります。「営業成績が欲しいので、お金を持っていて、話を聞いてくれるお客様に提案しました」という理由は、コンプライアンス上も問題のある行為ですし、真の提案力が身に付かない行為ともいえます。

■ お客様は基準価額が下がることを怖いと思っていないか

マーケットには波があります。長期的にみて、上昇局面と下降局面があるのは経済活動として当然のことです。一番下がっている局面で投資商品を購入し、一番上がっている局面で投資商品を売却するのが最も収益を上げる方法ですが、いつが「一番下がっているとき」「一番上がっているとき」なのかは後からでなければわかりません。しかし、お客様の一般的な心理として、下図のような局面があったとすると、次のように思われることがあります。

①のときのお客様の気持ち：まだまだ下がるのではないか？　怖くて買えない！
②のときのお客様の気持ち：先日はもっと価格が低いときがあったよね？　またその値段になるのではないか？　今は買えない！
③のときのお客様の気持ち：こんなに高くなったら、もう買えない！

と、いつまでたっても投資を始めることができない結果になります。

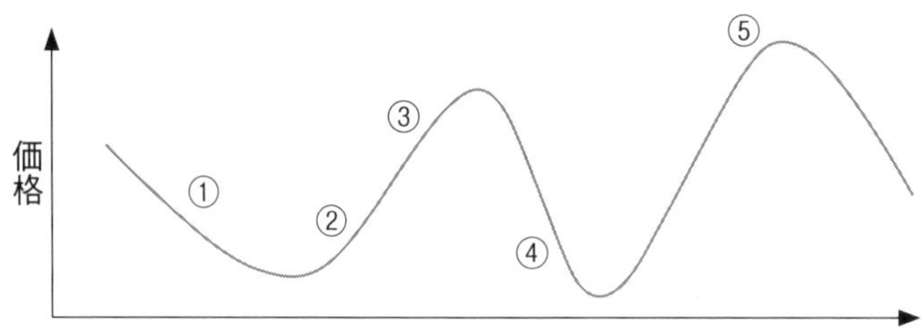

もしくは、③のときに、「やっぱり②のときに買っておけばよかった！　これ以上上がる前に、ここで買おう！」と決心されることもあります。そうすると、今度は④の局面で、「これ以上下がったら耐えられない。解約する！　やっぱり投資なんてするのではなかった」と思われるかもしれません。⑤の局面まで持ち続けていただければ結果は変わったのですが、急激に下がっていく怖さのほうが勝ったのかもしれません。もちろん、長期で保有すれば必ず利益になるわけではありません。銘柄の入れ替えがあったにしろ、1989年12月に終値で38,915円87銭を付けた日経平均株価が、2023年３月末時点までの33年余りの間、この最高値が更新されていないことからも証明できます。

ただ、上のような心理状態に振り回されていると、いつまでたっても投資を始めることができなかったり、損失が発生しやすい投資スタイルになったりします。そもそも、お客様が不安に思っている、怖いと思っている理由は何でしょうか。それは、投資信託等の購入後、価格が下がって損をしてしまうことではないでしょうか。そうであれば、「購入中は、価格が下がったほうがお得」な購入方法を伝えることができます。それは積立方式での購入です。

ドルコスト平均法の説明をする際に「価格が高いときは購入口数（数量）が少なくなり、価格が低いときは購入口数（数量）が多くなる購入方法です」と説明されていると思います。ドルコスト平均法による購入は、価格が動かなければあまりそのメリットを享受することができません。たとえば、今月の１万口当たりの基準価額は10,000円、先月は10,001円、先々月は10,002円という感じであれば、購入口数はほとんど変わりません。一方、積立している間、価格が下がっていると、購入口数が多くなり、結果的に得になる可能性が高くなるといえます。投資信託（当初１口１円の投資信託）の換金代金の計算は、「換金時の基準価額÷１万×口数（全解約の場合、保有口数）」で算出するからです。

換金代金＝換金時の基準価額÷１万×口数

この計算式から、換金時の基準価額が積立を始めたときとあまり変わっていなくても、口数が増えていれば、換金代金が多くなることがわかります。言い換えると、保有口数を増やすため、積立をしている間、基準価額は下がっているほうがよいのです。

もし、積立を始められてから、基準価額がほぼ上昇傾向にあるのであれば、積立方式による購入よりも一括投資による購入のほうが大きな利益を得ることができます。

しかし、マーケットの動きはわかりません。ましてや投資信託の場合、長期保有を基本としていますので、１か月後、半年後のマーケットではなく10年後、20年後のマーケットの動きを予測することとなり、これはどんなに勉強しているファンドマネジャーでも完璧に予測することはできません。

お客様はマーケットの動きの中で基準価額が上がることについては不安・怖いとは思われません。下落することに不安や怖さを感じられます。そのため、積立期間中、基準価額が下がったほうが有利になるといったことを説明するのは、お客様の不安解消になると思われます。

Ⅱ

iDeCo・NISAの制度等について

基礎編

iDeCo・NISAの制度の概要を正しく理解しましょう。その上でどのようなお客様に提案するのがよいのかを考えます。2024年から大きく改正されるNISA制度の概要や留意点等についても学習します。

2024年からの
NISA制度には留意点が
たくさんあります！
正確な情報をお客様に
伝えることを
意識しましょう！

1 iDeCoの基礎

（1）iDeCoの特徴

iDeCo（個人型確定拠出年金）は、確定拠出年金法に基づいて実施されている私的年金制度です。確定拠出年金制度には、iDeCoのほか、企業型確定拠出年金（以下「企業型DC」）もありますが、企業型DCの場合、原則として企業が掛金を拠出しますが、iDeCoの場合は加入者本人が拠出します。

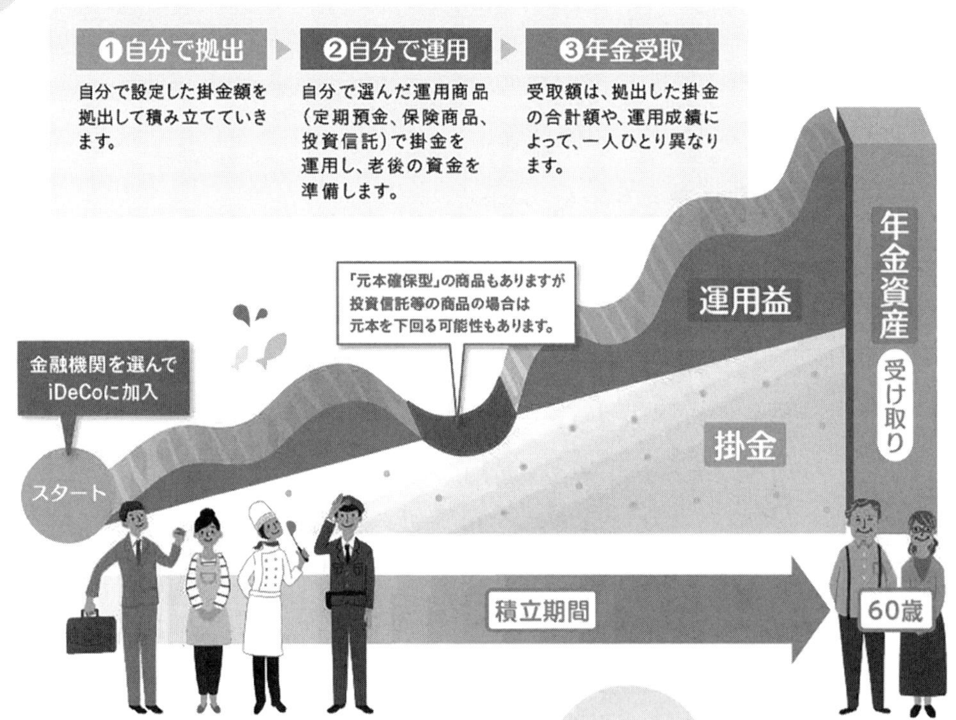

出所：厚生労働省HP「iDeCoの概要」より

■ 加入資格・掛金額

原則として65歳※未満の公的年金の被保険者がiDeCoに掛金を拠出することができるとされています。ただし、iDeCoの老齢給付金の受給者あるいは受給したことがある人や、老齢基礎年金の繰上げ受給をしている人は加入できません（企業型DCの老齢給付金の受給者あるいは受給したことがある人や障害基礎年金等を受給されている人はiDeCoに加入できます）。掛金は毎月5,000円以上1,000円単位で選ぶことができますが、国民年金の被保険者種別や他の企業年金の加入状況により、掛金の上限額が異なります。

※　今後、加入可能年齢の70歳への引上げや拠出限度額の引上げについて、2025（令和6）年の公的年金の財政検証に合わせて検討するとされています。

加入対象者		拠出限度額（月額の場合）
自営業者など第1号被保険者※1		年間81.6万円（6.8万円）
第2号被保険者	企業年金を導入していない会社等に勤める第2号被保険者	年間27.6万円（2.3万円）
	企業型DCだけを実施する会社等に勤める第2号被保険者※2	年間24万円（2万円）※3
	確定給付企業年金（以下「DB」）を実施している会社等に勤める第2号被保険者（公務員を含む）	年間14.4万円（1.2万円）※4
第3号被保険者（第2号被保険者の被扶養配偶者）		年間27.6万円（2.3万円）
国民年金の任意加入者		年間81.6万円（6.8万円）

※1　農業者年金の被保険者、国民年金の保険料納付を免除されている人を除く。

※2　マッチング拠出を導入している企業型DCの加入者で、企業型DCのマッチング拠出を選択している人を除く。

※3　企業型DCの加入者がiDeCoに加入する場合、各月の企業型DCの事業主掛金と合算した金額には以下のように上限がある。

	企業型DC加入者がiDeCoに加入する場合	企業型DCとDB加入者がiDeCoに加入する場合※4
企業型DCの事業主掛金①	55,000円以内	27,500円以内
iDeCoの掛金②	20,000円以内	12,000円以内
①＋②	55,000円以内	27,500円以内

※4　2024年12月1日から、DB等の他制度を併用している人（公務員を含む）のiDeCoの拠出限度額が1.2万円から、「月額5.5万円－（各月の企業型DCの事業主掛金額＋DB等の他制度掛金相当額（公務員の場合は共済掛金相当額））」（月額2万円が上限）に引き上げられる（2020年改正事項）。

2024年12月1日から、企業型DCのみの加入者も、企業型DCとDB等の他制度加入者も、DB等の他制度のみの加入者（公務員を含む）も、すべてiDeCoの掛け金額は「月額2万円が上限」で、「月額5.5万円－事業主の拠出額合計（各月の企業型DCの事業主掛金額＋DB等の他制度掛金相当額）」の範囲内に統一されます。

■ 給付について

掛金は、自分が選んだ投資信託や定期預金、保険商品などで運用し、掛金と運用損益の合計額が将来の給付金に反映されます。iDeCoの老齢給付の受取りは、原則として60歳以降、75歳までの間で自由に選択することができます。公的年金の受給開始の時期を鑑みながらiDeCoの受給時期を考えるのもよいかもしれません。

iDeCoは原則として、60歳まで引き出すことができません。「引き出せない」というとデメリットのように思えますが、引き出せないからこそ、お金を計画的に貯めることができ、将来、公的年金と合わせて老後の資金として使うことができます。

iDeCoは、60歳から75歳までの間で、一時金、年金、あるいはその併用により受給できます。70歳までは働くから、それ以降の受取りにするといったこともできますし、公的年金を繰上げする代わりに、60代前半はiDeCoの老齢給付金で賄っていくということもできます。iDeCoの受給方法を検討する際には、ぜひ、お客様のライフプランについても改めて考えてみてください。

（2）iDeCoの税制優遇

掛金拠出時、運用時の利益、給付の受取り時に、税制上の優遇措置があります。

■ 拠出時の税制優遇措置

自分で拠出した掛金は、全額が「小規模企業共済等掛金控除」として所得控除の適用対象となります。所得控除とは、所得税の額を算出する際に、所得の金額から一定の金額を差し引くことです。所得の金額から掛金分の金額を差し引くことができますので、その分、所得税や住民税の支払いが少なくなります。所得控除の種類は、このほか基礎控除や配偶者控除、生命保険料控除、社会保険料控除などがあります。

なお、社会保険料控除は、世帯主（納税者）が生計を一にする配偶者やその他の親族の社会保険料を代わりに支払った場合にも所得控除の適用対象となりますが、小規模企業共済等掛金控除は、加入者本人の掛金しか所得控除の適用対象とはならないことに注意が必要です。

▶次の税率の人が、毎月1万円を拠出（積立）
総合課税の所得税率10％、住民税の所得割の税率10％

この場合、所得税、住民税それぞれ12,000円節税することができます。

iDeCoは、お金を貯めて、節税もできる制度です。節税効果の24,000円を預金の利息で得ようとしたら、仮に定期預金の金利を0.1％とすると、税金を考えなければ、2,400万円の元本が必要です。利息や収益でお金を増やすこと以外に、節税によって手元資金を増やすということも考えてみませんか？

掛金の全額が所得控除の適用対象になるのもうれしいですね。生命保険料も生命保険料控除の適用を受けることができますが、2012（平成24）年1月1日以降の契約であれば、生命保険料、介護医療保険料、個人年金保険料の控除額は、それぞれ4万円が上限額となっています。

会社員（国民年金の第2号被保険者）の人であれば、年末調整の際に、国民年金基金連合会が発行する「小規模企業共済等掛金払込証明書」に記載のある掛金の合計金額を「給与所得者の保険料控除申告書」の小規模企業共済等掛金控除（個人型年金加入者掛金）欄に記入の上、「小規模企業共済等掛金払込証明書」を添付し勤め先に提出します。自営業者等、国民年金の第1号・第3号・任意加入被保険者の人は、確定申告の際に、「小規模企業共済等掛金払込証明書」を提出します。

この節税効果を得るための手続きはとても簡単です。会社員の人であれば、年末調整の際に、国民年金基金連合会が発行する「小規模企業共済等掛金払込証明書」の金額を記入していただき、証明書と一緒に提出するだけです。やり方としては生命保険料控除と同じです。

所得控除の適用を受けるための手続きは簡単！

ただし、所得税や住民税の節税ですので、もともと納税していない人は、当然ながらこの効果を得ることはできません。また、課税所得が減ることから、住宅ローン控除で軽減できるはずだった税額が減ったり、ふるさと納税の控除上限額が下がったりすることがあることにも気を付けなければなりません。

iDeCoには口座管理手数料が発生します。通常、口座管理手数料よりも節税メリットのほうが大きいのですが、国民年金の第３号被保険者等、所得の少ない人は、節税メリットがない、あるいは少ないため、口座管理手数料分をカバーできないことがあります。その場合は、しっかり運用益を出していただかなければ、実質的に元本を割ってしまうことになりかねません。

■ 運用時の税制優遇措置

運用時には、年金資産に対して特別法人税※1が課税されることになっていますが、現在、特別法人税の課税は凍結されていることから、事実上、運用時は非課税となっています。

Aさん

▶10年前からiDeCoに加入
▶毎月2万円を拠出（積立）
▶国内株式を投資対象にしているXファンドですべて運用

10年間拠出した結果、Aさんの積立総額は240万円で、評価額は325万円になったとします。思った以上の収益が得られたため、Aさんは、積極運用型のXファンドから、安定重視型のYファンドにスイッチング※2することにしました。この場合、評価額（解約価額）325万円全額が、Yファンドの購入資金に充当されます。たとえば、特定口座源泉徴収選択口座内で取引をしていた場合には、利益の85万円（＝325万円－240万円）は課税対象となりますので、税引後の3,077,323円がYファンドの購入資金に充当されることになります。iDeCoでは運用時の税制優遇措置により、特定口座源泉徴収選択口座での取引に比べて約17万円多い元本でYファンドでの運用ができます。

＜源泉徴収額＞

所得税および復興特別所得税	：85万円×15.315％＝130,177円
住民税	：85万円×5％＝42,500円
合計	：172,677円

iDeCoは原則として60歳までは引き出すことができないため、総じて運用期間が長いといえます。そのため、スイッチング等を行った場合の利益に対して税金がかからず、そのまま次の元本として再利用できるのは、最終的には大きな金額の違いになってきます。

今後の収益率がたとえば２％だとすると、約308万円の元本で運用するより、325万円の元本で運用したほうが最終的な金額は多くなります。運用時の収益が非課税というのは、資産を増やすためのキーポイントとなります。

もちろん、利益が生じなければこのメリットも生じませんが、長期間、ドルコスト平均法を活用した投資をして、一度も利益を得ることがないというのも考えにくいのではないでしょうか。

※１　特別法人税

特別法人税とは、企業年金や確定拠出年金の運用資産全体に課される税金で、年率1.173％の税率で課税されるというものです。特別法人税は2001（平成13）年の確定拠出年金導入時からずっと凍結されており、2026（令和８）年３月31日まで凍結するとされています（2023年度税制改正で凍結措置の期限が３年間延長されました）。

今後、もし復活すると、運用期間中のコストが増えることになります。また、特別法人税は、年金資産に対して課される税金で、利益に対して課されるものではありません。そのため、もし復活した場合には、1.173％以上の運用利回りを意識して、資産配分を考える必要があります。

※２　スイッチング

これまでに積み立ててきた資産の一部または全部を換金し、その資金で新たな商品を購入する運用指図のことをスイッチングといいます。

たとえば、保有資産が、定期預金20万円、Ａファンド30万円、Ｂファンド30万円、Ｃファンド20万円のときに、Ｂファンド全部とＣファンド10万円分を換金して、Ｄファンドにスイッチングした場合、スイッチング後の保有資産は、定期預金20万円、Ａファンド30万円、Ｃファンド10万円、Ｄファンド40万円となり、これらの商品で運用を継続することになります。

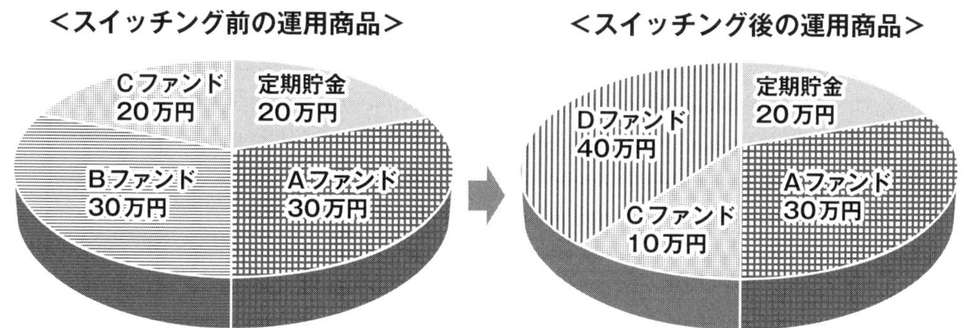

■ 給付時の税制優遇措置

iDeCo・企業型DCの老齢給付金は、年金として受け取ることも、一時金として受け取ることもできます。受取り方で税金の扱いは異なりますが、どちらの場合も、税制上の優遇措置を受けることができます。

＜年金として受け取る場合＞

iDeCoの老齢給付金を年金として受け取る場合、当該年金は「公的年金等に係る雑所得」とされ、他の公的年金等の収入金額と合算して「公的年金等控除」の適用を受けることができます。公的年金等に係る雑所得の金額の計算は、公的年金等に係る雑所得以外の所得に係る合計所得金額が「1,000万円以下」「1,000万円超2,000万円以下」「2,000万円超」によって区分されています。

<公的年金等に係る雑所得の金額の計算方法>

～公的年金等に係る雑所得以外の所得に係る合計所得金額が1,000万円以下の場合～

年金を受け取る人の年齢	公的年金等の収入金額の合計額		公的年金等に係る雑所得の金額
65歳未満		60万円以下	0円
	60万円超	130万円未満	収入金額の合計額－60万円
	130万円以上	410万円未満	収入金額の合計額×0.75－ 27.5万円
	410万円以上	770万円未満	収入金額の合計額×0.85－ 68.5万円
	770万円以上	1,000万円未満	収入金額の合計額×0.95－145.5万円
	1,000万円以上		収入金額の合計額－195.5万円
65歳以上		110万円以下	0円
	110万円超	330万円未満	収入金額の合計額－110万円
	330万円以上	410万円未満	収入金額の合計額×0.75－ 27.5万円
	410万円以上	770万円未満	収入金額の合計額×0.85－ 68.5万円
	770万円以上	1,000万円未満	収入金額の合計額×0.95－145.5万円
	1,000万円以上		収入金額の合計額－195.5万円

iDeCoを年金として受け取る場合、他の公的年金等の収入金額と合算して「公的年金等控除」の適用を受けることができます。たとえば、公的年金は原則として65歳から受給できるので、それまでの生活の補完としてiDeCoを年金形式で受け取られることを考えた場合、年間60万円以下であれば、公的年金等控除の範囲内になりますので課税対象になりません。

ただし、年金として受給する場合、受給の都度、事務委託先金融機関に支払う手数料が440円かかることを忘れてはなりません。

<一時金として受け取る場合>

iDeCoの老齢給付金を一時金として受け取る場合、当該一時金は退職所得として「退職所得控除」の適用を受けることができます。退職所得控除の金額は、勤続年数が20年以下の場合、「40万円×勤続年数」となり、勤続年数が20年超の場合は、「800万円＋70万円×（勤続年数－20年）」となります（過去一定期間内に退職金を受給している場合には、勤続年数の計算方法が異なります）。

勤続年数20年以下：40万円×勤続年数
勤続年数20年超　：800万円＋70万円×（勤続年数－20年）

▶原則としてiDeCoは加入期間を勤続期間とみなして退職所得控除の額を計算することになります。

▶同じ年に通常の退職一時金とiDeCoの一時金を受け取ったときは、退職一時金とiDeCoの一時金を合計した金額から退職所得控除の金額を差し引きます。この場合の勤続年数は、それぞれの勤続期間のうち、最も長い期間になります。

▶課税所得に算入される課税退職所得金額は、退職一時金の額から退職所得控除の額を差し引いた金額の２分の１の金額となります。

なお、iDeCoの一時金と退職一時金を異なる年に受け取る場合、どちらを先に受け取るか等によって、次の①～③のように退職所得控除の金額の計算方法が異なります（企業型DCの一時金についても同様です）。

> 前年以前４年内（確定拠出年金の老齢給付金として支給される一時金の支払を受けた年分は前年以前19年内）に他の支払者から支払われた退職手当等（以下「前の退職手当等」）がある場合に、本年分の退職手当等の勤続期間と前の退職手当等の勤続期間との重複期間がある場合には、本年分の退職手当等の勤続年数に基づき算出した退職所得控除額から、重複期間の年数（重複期間に１年未満の端数がある場合には切り捨て）に基づき算出した退職所得控除額相当額を控除した残額が退職所得控除額となります。
>
> （出所：国税庁タックスアンサー「退職手当等に対する源泉徴収」より抜粋）

① iDeCoの一時金を受け取ってから退職一時金を受け取る

iDeCoの一時金を受け取った後、５年超後に退職一時金を受け取る場合、iDeCoの一時金の支払いを受け取るときは、iDeCoの加入年数を用いて退職所得控除額を計算し、その後、退職一時金を受け取るときは、勤務年数を用いて退職所得控除額を計算することができます。

iDeCoの老齢給付金を一時金として受給してから５年（その年＋前年以前４年）以

内に退職一時金を受け取る場合は、退職所得控除の金額の調整が必要となります。具体的には、「勤続期間等の重複部分」がある場合には、「重複期間部分」については、今回の退職一時金支払時に算定された「退職所得控除」の額からマイナスするというルールがあります。これを一般に、「退職金の５年ルール」といいます。

もし退職一時金が65歳以降の支給になるのであれば、60歳時点でiDeCoの老齢給付金を一時金として受け取ることを考えられてもよいかもしれません。iDeCoの一時金を受け取ってから５年超の期間を空けて退職一時金を受け取れば、それぞれの勤続年数・加入年数に応じて退職所得控除の適用を受けることができます。

② 退職一時金を受け取ってからiDeCoの一時金を受け取る（退職一時金を受け取る際に退職所得控除額を使い切っている場合）

> 確定拠出年金の老齢一時金を受給する年の前年以前19年以内に退職一時金を受給していた場合、退職一時金を考慮した上で、退職所得控除額が算出されます。退職一時金を先に受け取った場合、「前年以前４年以内」ではなく「前年以前19年以内」になります。

iDeCoの一時金を受給する年の前年以前19年以内に退職一時金を受給しており、退職所得控除額を使い切っている場合は、次の（ア）から（イ）を差し引いた金額がiDeCoの一時金の受給時の退職所得控除額となります。

（ア）iDeCoの加入期間に応じた退職所得控除額
（イ）iDeCoの加入期間と重複している期間の年数に基づき算出した退職所得控除額相当額

つまり、iDeCoに15年加入していたとしても、その期間のうち、10年が退職一時金を受け取った際の勤続期間と重複していた場合、その期間については、iDeCoの一時金を受け取る際に計算する加入期間には含まないということです。

たとえば、60歳で退職一時金を受け取り、そのときに退職所得控除額を使い切ってしまったとします。iDeCoには、それから５年後の65歳まで加入し、加入期間は15年だったと仮定します。この場合、iDeCoの一時金受取りの際の退職所得控除額の計算式は、40万円×15年にはなりません。勤続期間と重複した10年分が使えず、40万円×５年（＝40万円×15年－40万円×10年）で計算することになります。

しかし、退職一時金で退職所得控除額を使い切ってしまうのであれば、同じ年に退職一時金とiDeCoの一時金を受け取るよりは、節税になるといえます。

同じ年に退職一時金とiDeCoの一時金を受け取ると、iDeCoの一時金に対しては退職所得控除の金額がまったくないことになりますが、異なる年にiDeCoの一時金を受け取れば、たとえ数年分としても、その年数分の退職所得控除額を利用することができます。

iDeCoの老齢一時金の受取最高年齢75歳で受け取ったとしても、そこから20年前というと、55歳で勤務先等からの退職一時金をもらわないと、「退職所得控除」の金額の調整対象になってしまうんだね。

③ 退職一時金を受け取ってからiDeCoの一時金を受け取る（退職一時金を受け取る際に退職所得控除額を使い切っていない場合）

退職一時金を受け取った際に、退職所得控除額を使い切っていない場合には、「みなし勤続年数」を以下の算式に基づき計算します。

前の退職一時金の収入金額	みなし勤続年数の算式
800万円以下の場合	収入金額÷40万円
800万円超の場合	(収入金額－800万円)÷70万円＋20年※

※　１年未満の端数は切り捨て

<計算事例>

2018年３月：30年間勤めた会社を退職（退職一時金1,000万円）

2023年３月：iDeCoの一時金300万円を受取り（2008年４月から15年間加入）

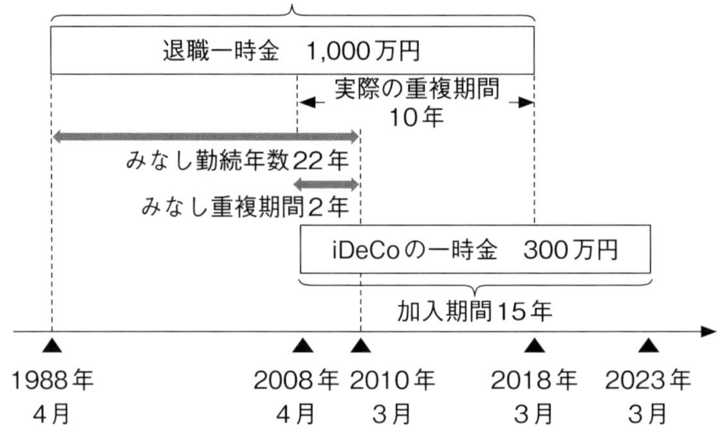

この事例では勤続年数30年の退職所得控除額は1,500万円ですが、退職一時金は1,000万円であることから、退職一時金を受け取った際に、退職所得控除額を使い切っていません。この場合、先に受給した退職一時金について、「みなし勤続年数」を計算します。

計算の結果、みなし勤続年数は22年（＝（1,000万円－800万円）÷70万円＋20年）となります（１年未満切捨て)。退職一時金の支給対象期間の起点を1988年４月とし、みなし勤続年数が終了する月（2010年３月）を勤続年数の終点とみなします。そして、次の（ア）から（イ）を差し引いた520万円（＝600万円－80万円）が、iDeCoの一時金を受給するときの退職所得控除額となります。

（ア）確定拠出年金の加入期間（15年）に応じた退職所得控除額（40万円×15年＝600万円）

（イ）「確定拠出年金の加入期間と重複しているみなし勤続年数」（２年）の退職所得控除額（40万円×２年＝80万円）

iDeCoの一時金300万円は、退職所得控除額520万円の範囲内であることから、課税退職所得金額は０円となり、所得税（復興特別所得税を含む）および住民税は非課税となります。

一般に、退職一時金が退職所得控除額の範囲内の人は、iDeCoの老齢給付金を一時金で受け取るのがよいといわれています。ただし、税金のことよりも、運用を継続しながら取り崩し、少しでも資産を増やしたいと考えるのであれば、年金で受け取ることも考えられます。また、一時金で受け取ると退職所得控除額をオーバーする場合には、一時金と年金を併用することも考えられます。税金のことだけを考えて、必要なときに貯めていたお金が引き出せないというのは本末転倒ですので、60歳から75歳までのキャッシュフローの状況をよく考えていただくのがよいと思われます。

たとえば、iDeCoの資産の一部を住宅ローンの残債を返済するのに充てていただき、残りは年金で受け取っていただくという方法も考えることができます。

（3）iDeCoを検討してほしいお客様のタイプ

■ 企業年金制度が導入されていない会社にお勤めの人

会社員の人は厚生年金被保険者になりますが、企業年金制度の有無は企業によって異なります。まずは、企業年金制度のない会社にお勤めの人にiDeCoへの加入を検討していただくことが考えられます。しかし、お客様の中には、企業年金に加入しているかどうかを把握されていらっしゃらない場合があります。

お客様の勤務先には企業年金制度がありますか？　厚生年金保険と異なり、企業の福利厚生のひとつです。もし、企業年金制度が導入されていないのであれば、「自分年金」の位置付けで、iDeCoへの加入を検討していただきたいと思います。

企業年金制度があれば、老齢基礎年金と老齢厚生年金という公的年金に加えて、企業年金を受給することができます。公的年金の部分で生活を支え、企業年金の部分で生活を豊かにすることが期待できます。もし、お客様の勤務先に企業年金制度がないのであれば、ご自身のもうひとつの年金としてiDeCoを検討されてみませんか？

■ 企業型DCの加入者

2022年10月1日から要件が緩和され、原則として企業型DC加入者もiDeCoに加入できるようになりました。ただし、マッチング拠出を選択していた場合、iDeCoに加入することはできません。企業型DCは、iDeCoと異なり口座管理手数料がかかりませんので、基本的にはマッチング拠出を選択するのがよいでしょう。しかし、マッチング拠出は、会社の掛金との合計で拠出限度額である月額55,000円を超えることはできません（DB等企業年金を併用している場合は月額27,500円が上限。2024年12月1日以降は55,000円に改正）。また、会社の掛金額を加入者本人の掛金額が上回ることもできません。そのため、口座管理手数料はかかりますが、マッチング拠出できる金額よりも、iDeCoを選択したほうが掛金額が多くなる場合、資産形成をより積極的に行うことができるといったメリットがあります。

現在、事業主掛金額は月額2,000円だから、マッチング拠出できる金額も2,000円が上限。先輩たちに聞いても、今後も事業主掛金はそれほど多くならないみたいだ。それならば口座管理料はかかるけど、iDeCoへの加入を検討してみようかな？

受給予定の年金額にどの程度の金額を上乗せしたいかによって、マッチング拠出かiDeCoかの選択をすることになるといえます。

マッチング拠出を選択するかiDeCoを選択するかは、
口座管理手数料と掛金額で検討！

企業型DCに加入されているお客様が転職された場合、前の会社の年金資産をどうされたのか伺いたいところです。次の転職先に企業型DCがあれば、そちらに移換することができます。会社の規約によっては、転職先のDB等へ移換できる場合もあります。それらへの移換ができない場合は、iDeCoへの移換となります。移換手続きのみを行った場合、iDeCoの「運用指図者」となり、企業型DCで運用していた個人別管理資産のみを引き続き運用していくことになります。「移換手続き」と同時に「加入申出」を行うと、企業型DCで運用していた個人別管理資産を引き継いだ上で、「加入者」として掛金を拠出していくことになります。移換手続きを6か月以内に行わなければ、国民年金基金連合会（特定運営管理機関）に自動移換されることになりますので、ぜひ声を掛けてあげたいものです。

自動移換には、手数料がかかります。また、運用が行われないまま、所定の管理手数料（月額52円）が継続的に年金資産から差し引かれます。なお、自動移換されている期間は通算加入者等期間に算入されません。自動移換され、住所等も変わってしまった場合などは、通知等も届かず、年金資産を保有していることを失念してしまうかもしれません。

■ 自営業者の人

自営業者の場合、退職金がありません。そのため、ご自身の退職金作りとしてiDeCoを活用することができます。特に、受給開始年齢が60歳から75歳の間となりましたので、この間でいわゆる定年を考えていただくのもよいかもしれません。ただし、自営業者の場合、事業の調子が悪いときは、個人のお金を事業に回すなどすることが多いため、目先の資金繰りについてもよく考えておく必要があります。

事業はいつまで続けるといったお考えはございますか？　iDeCoの受給開始年齢は60歳から75歳までの間で自由に決めることができます。もし、お客様が、75歳までには完全にといわなくても、仕事の量を減らすなどするかもしれないとお考えであれば、iDeCoの給付金を退職金代わりにしていただいてもよいと思います。

お客様の場合、公的年金が国民年金だけですので、それだけでは少し心許ないかもしれません。iDeCoを利用して老後資金をただ貯めるだけではなく、増やしながら貯めるということを一度検討されてみませんか？お客様とともにお金に働いてもらいましょう。

■ 20代の人

20代の人は、何といっても時間を味方に付けた運用ができるのが強みです。しかし、そうとわかっていても、一括投資で投資信託等を購入し、利益が生じるとうれしくなってつい換金し、その利益を何かに使ってしまう傾向があります。もちろん、利益が生じたところで換金するのが悪いわけではありません。欲しいものも色々あると思います。それに使うのも楽しいでしょう。ただ、この方法を繰り返していると残念ながら資産形成にはなりませんし、時間を味方に付けるといった20代の強みを活かした運用にもなりません。

iDeCoは仕組み上、原則として60歳まで引き出せないので、ある意味強制的に長期投資をすることができます。また、拠出金の変更は年に1回しかできないため、拠出額を徐々に減らすことは難しく、拠出せずに運用指図者になると、所得控除のメリットがなくなるのに口座管理手数料がかかるため、頑張って拠出し続けることができるかもしれません。

投資のデメリットは、利益が生じるとついうれしくなって使ってしまうことかもしれません。それでは資産形成になりません。そのため、ある程度強制的に資産形成をしようというのであれば、iDeCoを選択肢のひとつにしてください。原則として60歳まで引き出すことができませんので、長期投資をするしかない状態になります。

20代の人がiDeCoに加入している割合は増加傾向にあります。運営管理機関連絡協議会「確定拠出年金統計資料（2022年３月末）」によると、2017年３月末時点では全体の3.8％だったのが、2022年３月末では6.3％になっています。絶対数は少ないものの、伸び率が他の年代よりも高いことがわかります。

＜iDeCoの年代別加入者割合＞

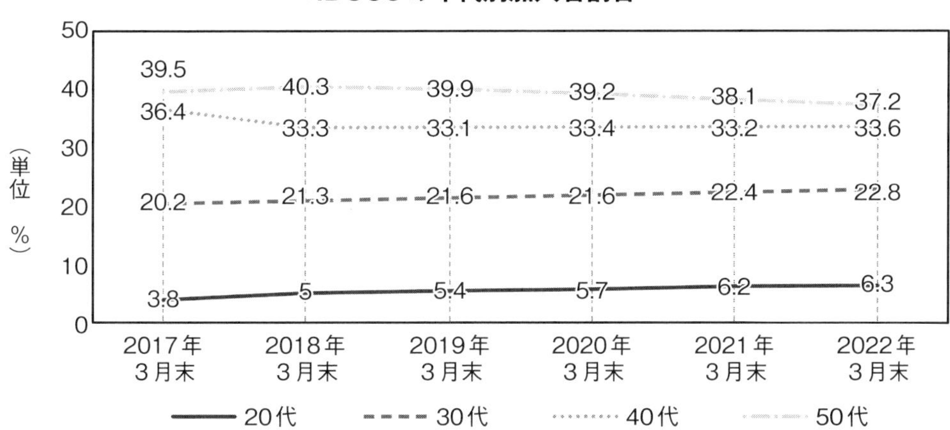

運営管理機関連絡協議会「確定拠出年金統計資料（2022年3月末）」よりフィナンシャル・ラボ作成

■ 40代の人

一般に、40代になると親が高齢になってくることもあり、自分の老後について考える人が増えてきます。20代、30代で「まだ、老後資金を貯めるのは早い」と思われていたお客様に、ぜひ声を掛けたいものです。

老後の備えは、「夏休みの宿題」と同じです。夏休みが始まってから計画的に宿題に取り掛かっていれば、日々の負担は少なくて済みますが、夏休みが終わる３日前から取り掛かると、１日当たりの負担は大きくなります。老後の備えに限らず、計画的にお金を貯めることの大切さをお客様に伝えたいものです。

老後の備えは夏休みの宿題と同じ！
短期間で行おうとすると負担も大きい！

上の「iDeCoの年代別加入者割合」の図をみると、40代の加入者が多いことがわかります。ただし、40代から50代にかけて、住宅ローンや子供の教育資金等もかかり、家族構成によってはなかなかお金を貯めることが難しい状況にある人も多いでしょう。老後の生活費を貯めることは大切ですが、目先の生活費も必要です。

たとえば、給与天引きで財形貯蓄をしているのに、ほぼ毎月引き出しているお客様や、カードローンに頼った生活をしているお客様に、原則として60歳まで引出しができないiDeCoを提案することが、本当にそのお客様にふさわしいサービスの提供になるのかを慎重に考える必要があります。iDeCoをきっかけに、「引き出さない貯蓄」

ができるのであれば問題ないのですが、本当に支払い金等が不足しているお客様で、一時的にはともかく、iDeCoに加入した後、毎月カードローン等で借入れが発生するのであれば本末転倒といえます。

単身者には所得控除のメリットを享受していただくのがよいでしょう。結婚するなどして扶養家族が多いと、配偶者控除や扶養控除といった所得控除が色々ありますが、単身者はあまり控除できるものがありません。

単身でいらっしゃいますと、年末調整等を行う際に、控除できるものが少なくありませんか？　iDeCoの掛金は小規模企業共済等掛金控除の適用を受けることができます。ぜひ、節税にお役立ていただければと思います。

iDeCoの制度を知っていて、iDeCoの申込先をインターネット等で調べるお客様は、金融機関によって取扱い商品のラインナップに大きな違いはないため、一般に手数料の比較等をされ、口座管理手数料の安いところで申し込まれる傾向があります。しかし、iDeCoのことを知らなかったお客様はどうでしょうか。確かに、口座管理手数料は安いほうがよいとしても、iDeCoも含めた資産形成等について、アドバイスをしてくれる金融機関であれば、高い口座管理手数料を払う価値を見出していただけるかもしれません。窓口に来店されたときなどへの声掛けや、きめ細かなフォロー、日頃からの提案力・サービスの質が契約に至るかどうかを左右するのではないでしょうか。また、対面で話を聞いたことで、お客様は今の自分の課題に気付くことがあります。商品を売り込むことばかりを考えず、情報を売り、その結果として、商品販売につなげたいものです。

この担当の人、いつも何か購入してほしいと考えているときだけ親切な感じがする……。先日、キャッシュカードの再発行をお願いしたときは、すごく面倒な感じで応対された。そんな人に、iDeCoの良さを教えられても本当かな、契約がほしいだけなのでは、と思ってしまう。

商品を売るというよりも、情報を売ろう！

<自分で選択するといつも同じようなものを選びませんか？>

たとえば服を買うとき、靴を買うとき、食品を買うときなど、私たちは多くの消費行動をしていますが、何となくいつも「自分の定番商品」ばかり購入していることはないでしょうか。それが自分に合っているのであれば問題はないのですが、もしかすると、もっと自分に合ったものがあるかもしれません。そのことに気付く最短の方法は、専門家からのアドバイスです。「このようなデザインの服もお似合いですよ」「いつもＡメーカーの商品をご購入いただいておりますが、Ｂメーカーの商品のほうが減塩タイプですよ」などと、ちょっとした一言で「そういうのもあったんだ」という気付きが生まれます。

金融商品についても、「いつも私は定期預金」とお客様は定番商品で満足されている可能性があります。販売担当者の説明により、お客様に「投資・運用」という「新しい景色」を見せてあげたいものです。

2 つみたてNISAの基礎

（1）つみたてNISAの特徴

つみたてNISAとは、積立による資産形成を後押しするために創設された制度です。従来、投資可能期間は2018年から2042年までとされていましたが、2023年度税制改正により、新たな制度に見直されるとともに、恒久化されました。

また、2023年までは、一般NISAとの併用はできませんが、2024年からは、積立を基本として「つみたて投資枠」と一般NISAの機能を引き継いだ「成長投資枠」を同じ年に併用して利用することができます。なお、つみたてNISA（2024年以降は「つみたて投資枠」以下同じ）は、確定拠出年金と並んで、資産形成をするためのスタンダードな制度といえるでしょう。

<つみたてNISAの概要>

口座開設対象者	その年の1月1日において18歳以上の居住者等	
非課税の対象	一定の投資信託、ETF（上場投資信託）への投資から得られる分配金や譲渡益	
非課税投資枠	【2023年まで】 新規投資額で毎年40万円が上限 ▶前年に非課税投資枠の未使用分があったとしても翌年以降に繰り越すことは不可	【2024年から（つみたて投資枠）】 新規投資額で毎年120万円が上限 ▶その年のNISAを利用して取得した金額と前年末時点で保有している簿価金額の合計で1,800万円が上限
非課税期間	最長20年間	無期限
購入方法	積立による購入のみ（原則として定額で定期的かつ継続的な方法で対象商品を購入）	
金融機関変更	可能。ただし、変更しようとする年の9月末までに、金融機関で変更の手続きを完了する必要がある。	
他の口座等との損益通算	NISA口座で保有している金融商品を換金するなどして損失が出ても、他の口座（一般口座や特定口座）で保有している金融商品の配当金等や譲渡益との相殺（損益通算）はできない。	

つみたてNISAの投資対象商品は、取引所に上場等している一定の要件を満たすETF、または以下の要件を満たす公募株式投資信託に限られています。

▶ 信託期間が無期限または20年以上
▶ 毎月分配型ではない
▶ ヘッジ目的以外ではデリバティブの運用を行っていない

インデックスファンド	アクティブファンド
▶ 国内資産対象：運用管理費用（信託報酬）年0.5%以下（税抜き） ▶ 海外資産対象：運用管理費用（信託報酬）年0.75%以下（税抜き）	▶ 純資産額が50億円以上 ▶ 設定から５年以上経過 ▶ 各計算期間のうち3分の2以上が資金流入超 ▶ 国内資産対象：運用管理費用（信託報酬）年1.0%以下（税抜き） ▶ 海外資産対象：運用管理費用（信託報酬）年1.5%以下（税抜き）

つみたてNISAの提案が、「○円からの積立が可能です。そして、分配金や譲渡益が非課税になります」に留まってはいないでしょうか。もちろん間違いではありませんが、これでは、つみたてNISAの魅力が十分伝わっていない可能性があります。

つみたてNISAの提案を行う際は、
つみたてNISAの魅力をしっかりと伝えよう！

■ 投資対象商品にかかる魅力

つみたてNISAを活用すると、投資信託の分配金や譲渡益が非課税になるという特徴とともに、投資対象商品が、手数料が低水準、頻繁に分配金が支払われないなど、長期・積立・分散投資に適した公募株式投資信託とETFに限定されているという特徴があります。つまり、どのファンドを選んでも積立に適しているファンドといえます。そのため、特に投資初心者の人にとって利用しやすい仕組みといえるでしょう。2023年３月29日現在において、対象ファンドとなっているのは、ETFが７本、公募株式投資信託は、指定インデックス投資信託が189本、アクティブファンドが26本の合計222本となっています。

いざ投資信託を申し込んでみようと思っても、どのファンドを選べばよいか悩まれるといったことはございませんか？　つみたてNISAの場合、そもそも積立に適していないファンドは選択できないようになっていますので、どのファンドを選択していただいても、長期・分散・積立投資に適しています。

積立で投資をするのに、「なぜこんなファンドを選択したの‼」ということにはならないということね。ファンドの種類が多いと、どれを選んでいいのかわからないから助かるわ！

そして、これらのファンドのうち、多くの投信会社が設定している日経平均株価などの指数に連動した運用成果を目指す指定インデックスファンドは、銘柄が異なっても同じ指数を対象とするものであれば運用成果に大きな違いはありません。そのように考えると、投資対象となっているファンドの種類はさほど多くないといえるでしょう。

A投信が運用している「AA日経平均インデックスファンド」もB投信が運用している「BB日経225インデックスファンド」も、日経平均株価と同じような動きを目指しているから、運用成果に大きな違いはないわね。

■　費用に係る魅力

つみたてNISAの対象商品になっている投資信託は、費用が安いという魅力があります。まず、購入時手数料や解約手数料がかかりません。そして、運用管理費用（信託報酬）も一定率以下のものに限定されています。もちろん、費用が高くてもそれだけのパフォーマンスが出ているのであれば問題はありません。つまり、運用管理費用（信託報酬）等が高いファンドが必ずしもダメだというわけではありません。しかし、運用管理費用（信託報酬）は、信託財産の中から差し引かれるものです。仮に、投資家から集めた資金（信託財産）をまったく運用しなかったとすると、運用管理費用（信託報酬）の金額相当分、基準価額は下がることになります。積立投資は、長期間にわたって行うものであるため、この費用の差は、将来の資産残高に大きな差を与えることになります。そのため、投資対象や投資方針が同じ投資信託であれば、購入時手数料や運用管理費用（信託報酬）が低いモノを選択していただくのがお客様本位の営業姿勢といえます。

特に投資初心者のお客様であれば、投資信託の手数料がどの程度かかるのか、そしてファンドによって手数料率が異なることもご存知ではない可能性があります。ただ、費用が低いというだけでなく、他のファンドと比較しながら、その違いを理解していただくことも、お客様に投資信託の費用を理解していただく上で重要かもしれません。

運用管理費用（信託報酬）は、いわば投資信託のランニングコストです。つみたてNISAの投資対象商品は、この運用管理費用（信託報酬）が低いものに限られていますので、より長期で保有しやすい仕組みになっています。

つみたてNISAの対象商品は費用が低く抑えられている点がポイントのひとつです。たとえば、購入時や換金時に手数料はかかりません。こちらのファンドラインナップをご覧いただき、他のファンドと比べてみてください。もちろん、費用が高いファンドがダメなわけではありませんが、長期で積立をしていただくのであれば、その都度購入時手数料がかかるのは、お客様にとってあまりにも負担が大きいため、積立投資には不向きといえます。長期で積立しやすいように設計されている投資信託だけが投資対象として選定されているのが、つみたてNISAの魅力のひとつです。

<つみたてNISAの対象商品はどの販売会社で申し込んでも費用は同じ！>

つみたてNISAの投資対象となっている投資信託は、対面の銀行で申し込んでもネット証券で申し込んでも手数料は変わらないということに気付いていただきたいと思います。何となく、ネット証券で申し込んだほうが手数料は安いのではないかというイメージを持っているお客様が多くいらっしゃいます。しかし、つみたてNISAに関していえば、対象となっている投資信託に購入時手数料や解約手数料はかかりません。そして、投資信託保有期間中にかかる費用である運用管理費用（信託報酬）は投信会社が決めるものであり、これはどの販売会社で購入しても同じです。ただ、ネット証券の一部等では積立をすることでポイントが付くなどのサービスがあります。

では、対面の金融機関にあって、ネット証券にないものは何でしょうか。「ポイントに対して粗品」という人もいらっしゃるかもしれません。それもあるかもしれませんが、「お客様一人一人に合ったアドバイスができる」というところではないでしょうか。

この「お客様一人一人に合った」というところがポイントです。ネット証券においてもインターネット上で様々なサービスが展開されています。説明動画やロボアドバイザー等の活用などが該当します。しかし、ロボアドバイザーの回答は参考にはなりますが、お客様が聞きたいことや、対面で相談しているうちにみつかる潜在的な問題に対応することがなかなか難しいといえます。

つみたてNISAをするのであれば、ネット証券のほうが、手数料が安いのではないかと思われるかもしれませんが、制度設計上、どこで申し込まれても購入時や換金時の手数料は無料となっています。その他の費用は、投資信託を設定している投信会社が決めるので、ネット証券でも当行でも同じです。ただ、当行ではポイント還元のような仕組みはありません。その代わり、アフターフォローやお客様のライフプラン等を鑑みたアドバイスをさせていただきます。

■ 資産形成に係る魅力

つみたてNISAには、資産形成に適した投資信託が投資対象になっているという魅力があります。資産形成を考える上では、お金をただ「貯める」のではなく、お金にも働いてもらって、お金がお金を増やすことを目指しましょう。

預金金利が３％とか５％とかであれば、預金でも資産形成ができます。しかし、現状は、預金の役割はただ「貯める」だけで、資産形成の役割を担うには不十分です。そのため、投資というこれまでとは違った方法で資産形成を考えなければならないのです。

金融機関によって異なりますが、たとえば、月々数千円から積立を始めることができます。そしてiDeCoとは異なり、つみたてNISAには引出しができない期間がありません。そのため、遠い将来の年金生活のためだけでなく、様々なライフイベントに合わせて積立をすることができます。積立が難しい期間があれば、積立を停止し、保有資産を解約せずにそのまま保有し続けることもできます。iDeCoの場合も掛金の拠出を停止し、運用指図者になることはできますが、その間も口座管理手数料が発生することが難点です（しかも、掛金を拠出していないので所得控除のメリットがなくなります）。

しかし、よくあるつみたてNISAの提案で問題といえるものがあります。それは、積み立てることだけが目的となっている提案です。

当行では月々3,000円からの積立が可能です。老後のための資金をつみたてNISAを活用して貯めませんか？

つみたてNISAの活用は長期投資が基本です。長期で資産形成をしていただきたいと思います。

一見、問題のないような提案です。しかし、お客様がつみたてNISAを活用して資産形成をする目的は何でしょう。たとえば、50歳のお客様が月々3,000円積み立てた場合、65歳までの15年間で、元本部分が54万円（＝3,000円×12か月×15年）になります。ないよりマシかもしれませんが、この金額で、お客様の老後資金を十分に補完できるのかは疑問です。資産形成を考える場合にはゴールの設定が必要です。つまり、いつまでにいくら貯めたいのかを考えることです。

「いつまでに、いくら貯めたい」といったゴールが決まっているのであれば、それに向けて毎月いくらの積立が可能かを考え、ゴールに届かない不足金額を運用でカバーすることになります。不足金額が多いほどリターンを重視したファンドを選択することが考えられますが、そんなにリターンを狙うとリスクのほうが怖いと考えられるのであれば、別途、「積立定期預金等をする」「ゴールの金額設定を変更する」など、目標額達成のための方法を一部変更することを考えていただく必要があります。

積立の最低金額を伝えることは、お客様の積立投資に対するハードルを下げるのにはよいでしょう。しかし、それがお客様のためではなく、契約してもらいやすいようにするためになっていないかをよく考える必要があります。また、最低金額の積立であれば、つみたてNISAの年間の非課税投資枠の40万円（2024年からは120万円）を活かしきれていないことにも注意が必要です。

そういえば、つみたてNISAの提案をするとき、最低積立金額の話はしているけれど、非課税枠の上限のことはきちんと説明していなかったかもしれない。月々3,000円から始めることができ、年間の上限は40万円（2024年からは120万円）です、と伝えれば、お客様が月々いくらぐらいにすればよいのか考えてくださるはずなのに……。

積立金額についてはあまり深く考えていませんでした。担当の方が、月々3,000円でよいとおっしゃるので、「それならできないことはないわ」と思って申し込みました。そうか、子供の学費に充てようと思っていたけれど、月々3,000円の積立だったら、よっぽど利益が出なければ不足するわね。

また、長期で積立することを推奨するのはよいことですが、定期預金等の満期がある商品に慣れているお客様は、いつまで積み立てればよいのか不安になる可能性があるため、換金時のイメージについても説明するのがよいでしょう。

また、先ほど、資産形成を考える場合には、「ゴールの設定が必要」と述べましたが、「特にゴールは意識しない。貯めながら増やしていきたい」という考え方もあります。この場合、積立期間は無期限となるかもしれません。2024年から制度が恒久化され、非課税期間も無期限になります。また、一定の条件の下で非課税保有限度額の再利用も可能になります。そのため、今後、より柔軟にお客様のニーズに合わせた対応を取ることができます。

資産形成の目的が漠然とされていても問題ありません。その場合、積立を継続しながら、必要なときに、全部あるいは一部を解約していただければよいと思います。つみたてNISAは、お金をただ貯めるだけでなく、運用という要素を加えて「貯めながら増やす」ことを考えたお金の置き場所になります。

また、つみたてNISAの提案をする際には、つみたてNISAは制度であり、投資対象は投資信託であることもしっかりと説明しなければなりません。「つみたてNISAを使って非課税でお金を貯めましょう」といわれた場合、投資初心者のお客様などは「つみたてNISA」というお得な金融商品があると錯覚してしまうおそれがあります。

「非課税です」といわれても、もともと税金がどれだけ課せられているのかご存知ではない人も多くいらっしゃいます。通常20.315%の税金が課せられますので、たとえば、１万円の利益が出たとしても、手取りでの利益は8,000円弱になってしまうことなどを具体的に説明するのがよいでしょう。

お客様との情報の非対称性（情報格差）を意識した提案をする必要があります。

■ 若年層に人気のつみたてNISA

金融庁の「NISA口座の利用状況調査」をみると、2020年12月頃から、20代、30代、

40代の人のつみたてNISA口座の開設件数が大きく伸びてきていることがわかります。

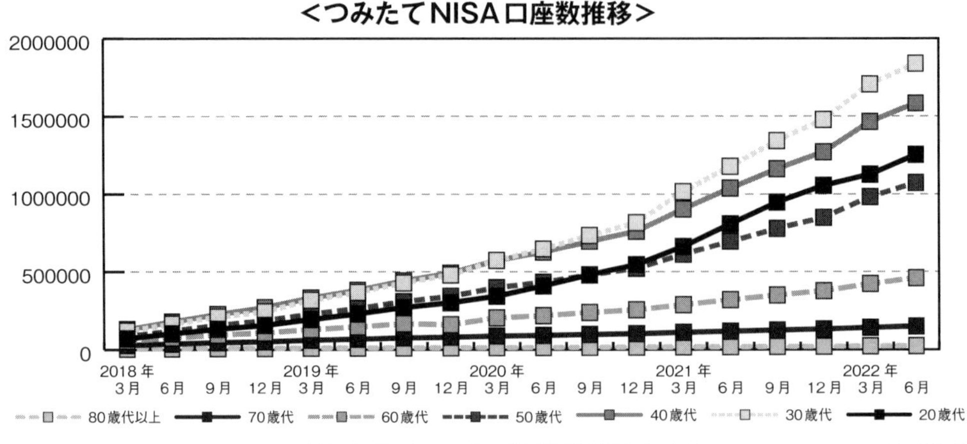

金融庁「NISA口座の利用状況調査」よりフィナンシャル・ラボ作成

一方で、若年層に対する金融リテラシーの向上が課題となっています。投資信託協会のアンケート調査によると、つみたてNISA口座を開設していない理由は「投資に回すお金がない」「どの商品を購入してよいかわからない」「投資の知識がない／知識がないと難しそう」が上位にあります。中でも、若年層ほど「どの商品を購入してよいかわからない」「投資の知識がない／知識がないと難しそう」「口座開設の申込手続きが煩雑で面倒だから」「制度の内容を知らない」「制度が複雑で理解できない」など知識・理解不足に関する項目が高くなっています。

<つみたてNISA口座未開設理由（重複回答）>

※選択肢「家族から投資について良い話を聞かないから」「友人・知人から投資について良い話を聞かないから」は2021年より聴取

（つみたてNISA認知・口座未開設層ベース）

	n=	投資に回すお金がないから	どの商品を購入してよいかわからないから	投資の知識がないから／知識がないと難しそうだから	口座開設の申込手続きが煩雑で面倒だから	制度の内容を知らないから	投資自体に関心がないから	制度が複雑でよく理解できないから	年間の非課税投資限度額（120万円）が小さいから	経済状況など、商品購入や口座開設のタイミングを見定めているから	非課税期間が短いから	株式や投資信託以外の商品（国債など）が購入できないから	家族から投資について良い話を聞かないから	友人・知人から投資について良い話を聞かないから	既に十分な資産があり、投資は必要ないから	その他	特に理由はない
2021年TOTAL	(11639)	13.9	12.0	11.2	10.8	10.6	9.0	8.2	5.9	2.9	2.5	1.9	1.2	1.0	0.9	2.3	45.6
2020年TOTAL	(10668)	14.9	8.3	16.4	7.2	7.4	17.2	7.6	4.8	2.6	1.7	1.5	–	–	1.0	2.1	37.6
2019年TOTAL	(10610)	15.2	7.2	14.5	6.9	7.1	18.4	6.7	4.7	2.0	2.0	1.5	–	–	0.8	1.8	38.9
2021年 年代別 20代	(1298)	17.7	17.3	16.9	16.5	16.0	8.3	10.7	4.5	6.2	3.2	3.1	2.0	1.7	1.1	2.1	36.7
30代	(1730)	16.5	17.6	17.3	13.5	14.0	6.7	12.1	6.1	4.7	2.5	2.0	1.4	0.9	0.6	2.4	38.3
40代	(2338)	16.0	13.3	12.1	12.0	11.8	7.0	10.1	6.9	3.1	2.3	2.0	0.8	0.7	0.9	2.3	40.9
50代	(2192)	13.7	11.1	10.2	10.2	10.6	7.3	7.0	5.2	2.1	2.2	1.4	1.0	0.7	0.6	2.3	48.1
60代	(2151)	11.3	7.8	7.4	7.4	7.4	11.9	5.7	6.7	1.4	2.6	1.7	0.8	1.0	1.1	2.8	51.6
70代	(1930)	9.7	7.3	6.0	7.4	6.3	12.5	4.9	5.4	1.2	2.6	1.8	1.3	1.1	1.0	1.6	54.3

%

引用元：投資信託協会「2021（令和3）年　投資信託に関するアンケート調査（NISA・iDeCo等制度に関する調査）（2022年3月）」

一般に、若年層は社会経験等も浅く、金融知識も乏しいと考えられます。2022年４月から成年年齢の引下げもあり、高校の家庭科で「家計」「資産形成」を学ぶという授業も始まりました。しかし、20代以上の人はそのような教育を受けていないことから、自分の経験値だけが頼りになっているところがあります。

インターネットで検索すると、様々な情報が出てきますが、その中で何が本当で何が間違った情報なのかの選別も難しい上に、各金融機関の「投資信託に関する留意事項」をみても、聞いたことのない言葉が羅列されていて、よくわからない人も多いのではないでしょうか。また、特定のユーチューバーのコンテンツを見るなど、情報ルートの違いによって偏った情報収集になってしまう可能性もあります。

金融リテラシーの向上は、適切な投資活動を行うのに必須です。たとえば、ドルコスト平均法のメリットがよくわからなければ、マーケットが下がったときに怖くなって解約し、積立をやめてしまうことも考えられます。20代、30代の人には、特に金融リテラシーの向上を支援しながら、つみたてNISAの提案をしたいものです。

インターネットで申し込まれるのは便利だとは思いますが、便利すぎて、万一、考え違いをしていても気付かないままになってしまうことがあります。大切なお金の話ですので、ゆっくり時間をかけて提案させていただけませんか？　当行では、つみたてNISAの取扱いとともに、お客様に最低限知っていただきたい金融知識のポイントの説明もさせていただいております。

昨今、年金問題や資産形成が話題になっています。お客様のお子様もご家庭を持たれて、色々と考えられていらっしゃるのではないでしょうか？　実際に何かを始める、始めないは別として、私どもは、できるだけ正しい投資知識を皆様にお伝えしたいと思っています。インターネットでいくらでも情報を入手できる世の中ですが、情報が多すぎて、何が本当のことかがわからなくなってしまう人もいらっしゃいます。ぜひ、今度、お子様と一緒に話を聞いていただけませんか？

（2）つみたてNISAを検討してほしいお客様のタイプ

■ 企業型DCの加入者でマッチング拠出をしている人

企業型DCの加入者で、マッチング拠出をしている人は、iDeCoに加入することはできませんが、将来は公的年金に加えて企業年金（企業型DC）の受取りもできることから、平均よりも年金額は多くなると考えられます。

そのような場合には、老後のほか、将来のライフイベント等に備えるため、積立定期預金等に加えて、つみたてNISAで資金の準備を検討していただきたいと思います。基本的には積立定期預金等で貯蓄をしていただき、つみたてNISAはその補助的な役割として考えていただきたいのです。たとえば、もし、つみたてNISAを利用して購入した投資信託に利益が生じれば、その利益を上乗せすることで、少し贅沢なライフイベントの実現も可能です。それは、お客様にとって、楽しみのひとつになるのではないでしょうか。

ご夫婦2人で、公的年金と企業型DCの老齢給付金を受け取られると、退職後の日常生活費は、おそらく、平均的なご家庭よりはゆとりがあるのではないかと思います。そのため、今の家計の余剰金は、つみたてNISAを活用して投資信託を購入し、ライフイベントの贅沢部分に充てていただくのはいかがでしょうか？
たとえば、旅行のために、積立定期預金を取り崩された際に、つみたてNISAを利用して購入した投資信託に利益が生じていたら、その利益の部分を解約して、旅行にオプションを付けたり、ホテルのグレードをアップされたりするのはどうでしょうか？

■ 国民年金基金に加入している自営業者

国民年金基金に加入されている場合、月々の掛金は、iDeCoと合わせて68,000円までです。そのため、掛金の額によってはiDeCoに加入されていない人もいらっしゃるかもしれません。また、これらの制度はいずれも60歳以降のためのものです。自営業者の場合、いつ事業のためにお金が必要になるかわからないことから、あまり資金を固定したくない人も多いでしょう。ただ、そうはいっても将来のお金のことも考えていただきたいので、国民年金基金やiDeCoをリタイア後の資金と位置付け、別途これらの商品よりも流動性が高い、つみたてNISAを活用した投信積立をしていただくのがよいと思います。

資金を固定したくないと考えられるなら、
流動性の高いつみたてNISAを選択！

■ 第３号被保険者の人

第３号被保険者の場合、所得がないため、iDeCoのメリットのひとつである所得控除（小規模企業共済等掛金控除）の適用を受けることができません。また、小規模企業共済等掛金控除は、社会保険料のように、世帯主等が家族のために掛金を拠出しても、世帯主等の所得控除の対象にはなりません。そのため、第３号被保険者は、一般には、口座管理手数料がかかるiDeCoよりも、口座管理手数料がかからない「つみたてNISA」を活用するほうがよいといえます。もちろん、「今後働くつもりがあるので」「運用益を期待しているので」などといった理由でiDeCoに加入される人もいらっしゃいます。

なお、専業主婦の人は、自身の年金が少ないことを何となく自覚しているため、将来の自分のお小遣いを貯める楽しみができると思います。

ご本人の公的年金が老齢基礎年金だけだと、なかなか満足できる受給額とはいえないと思います。そこで、投資の基本である「長期・積立・分散」投資を実践しながら、ご自身の将来のお小遣いを形成することを考えてみませんか？
具体的には、毎月1万円程度、つみたてNISAを利用して投資信託の積立をします。投資信託ですので元本割れのリスクはありますが、長期・積立・分散投資によりリスクを抑えることが期待できます。
そして、将来、元本部分は、生活のために使われてもいいと思いますが、お金が働いた部分、つまり利益の部分はご自身のお小遣いにしていただいてもよいと思います。

■ 18歳、19歳の人（かつ親子）

2022年4月以降に高校に入学した人は、家庭科の授業に「金融経済教育」が盛り込まれており、そこには、家計管理とライフプランニングの項目があります。学校によって授業の内容に差があるかもしれませんが、金融庁が公表している資料には、ライフプランニングの考え方や人生の3大費用（教育・住宅・老後）についての内容が記載されています。このほかにも、「使う」「備える」「貯める・増やす」などの資料もあり、「複利の考え方」「72の法則」「主な金融商品」「リスクとリターンの関係」など、よくある投資初心者向けのセミナーで学習するような内容となっています。

せっかく学習するのですから、実践でその知識を活かしてほしいと思います。つみたてNISAであれば、比較的少額から始めることができます。学生であってもアルバイトで得た収入があるのであれば、そのうちの一部をつみたてNISAに充てることはできるのではないでしょうか。

また、18歳、19歳の人が投資するとなると、心配されるご家族もいらっしゃるかもしれません。そのような場合、親子で始めていただくことを提案することもできます。これをきっかけに、家族間でお金の話がしやすくなる効果も期待できます。

■ 20代・30代の人

20代・30代の人にとってiDeCoは、60歳まで引き出すことができないことが加入のハードルになっているようです。このほか、「ずっと掛金を拠出し続けることができるかどうかが心配」という人もいらっしゃいます。始めてみたら、あっという間に

10年、20年経っていたということもありますが、20代・30代の人にとって、そのような先のことはなかなか見通せないのが通常でしょう。それであれば、所得控除のメリットはないものの、つみたてNISAを始めることで、まずは、しっかりと貯蓄体質を整えていただきたいと思います。

iDeCoの利用も同じことがいえますが、20代・30代の人は、時間を味方に付けることができるという投資にとって大きな武器を持っています。2023年度税制改正により、2024年からは、つみたてNISAの制度が恒久化されるとともに、非課税期間が無期限とされました。そのため、期間を気にせず、必要なときまでお金を貯め続けることができます。「車の買換えのために貯める」「家族旅行のために貯める」といったように、途中で一部を換金しながら、運用を続けるといった提案ができます。

時間を味方に付ける！

■ 30代・40代の人

この世代の人の中には、子供の行事等を通じて、PTA仲間（ママ友など）で、生活に関する様々なことが話題に上ることがあります。たとえば、住宅ローン、教育資金あるいは介護等です。

このあたりで、いい進学塾といったら〇〇塾なのかしら？
〇〇塾は、合宿もあるから、その分の費用も別途かかるしね。でも私立を受験するなら、評判はいいわね。
〇〇塾もいいけど、△△塾のほうが、授業料が安くて先生も熱心という噂よ。

その中で、最近、つみたてNISAや貯蓄についても話題になることがあるようです。雑誌などで、お金の貯め方といった特集ページなどを見ることがあるからかもしれません。ただし、仲間内に金融知識のある人がいると、商品や制度に対して適切な理解が深まりますが、そうではない場合、誤認されることも考えられます。住宅ローンや子供の教育資金でお金がかかる世代であるため、実はお金の貯め方に興味がある人は

多いはずです。まとまった資金の捻出ができない人にとって、つみたてNISAを利用した積立投資は魅力的な制度ではないでしょうか。

これから、教育費もかかってくることから、お金の貯め方に興味を持っていただければと思います。
もしかすると、PTAの仲間内などで「つみたてNISA」や貯蓄の話などが出ているかもしれませんが、その前に、投資の基本である、長期・積立・分散投資の効果について説明させてください。

お子様の今後の教育や親の介護等、生活に関する話題を、お友達等と日常的にされていることも多いと思います。ライフイベントにはお金がつきものです。仲の良いお友達を誘ってお金の座談会をしてみませんか。その際、申込書は持っていきませんので、気軽に生活とお金に関して話を聞いていただければと思っています。

⇒（ここでは、「申込書を持っていきません」と伝えることで、お客様のお友達に強引な勧誘はしないことをアピールしています。）

■ 60代の人

人生100年時代です。そのため、60代になっても資産形成のことは考えていただきたいものです。一般に、60代になると、収入が減少します。今ある資金を有効活用したいというのであれば、後述する一般NISA（2024年以降は「成長投資枠」）の活用が適しているかもしれませんが、毎月の負担を減らしながら運用できるのが、つみたてNISAの良いところです。

退職金を受け取られた人には、まとまった資金で投資信託の購入を提案することも考えられます。つみたてNISAの年間の投資額の上限は、2023年までは40万円ですが、2024年からは120万円になります。多くの販売担当者が、何となく最低金額からの積立の提案をしたり、1万円からの提案をしたりしています。手元にまとまった資金があるお客様に対しては、2024年からは、年間の投資上限額をフルに使い、毎月10万円の積立をしながら時間分散をする提案もできます（さらに年間240万円の成長投資枠を積立に利用することもできます）。投資初心者のお客様の場合、まとまった資金で一括投資をし、その後マーケットが下がってしまうと、投資経験がない分、ひどく後悔されると思います。販売担当者としては、一括投資で大きな契約がほしいかもしれませんが、つみたてNISAを利用して、お客様のリスクを軽減した提案をすることも大切です。

一般に高齢になるほどリスク許容度は下がります。ドルコスト平均法を活用すれば、一括投資と比べてリスクを軽減することができます。

一般には、年齢が上がるにつれて、リスクの小さい投資信託を選択されることをお勧めしています。しかし、リスクを取って収益性を期待したいとおっしゃるお客様もいらっしゃいます。そのような場合、つみたてNISAの活用をご提案しています。ドルコスト平均法によってリスクを抑えつつ、マーケットの動きも楽しんでいただけると思います。

■ 投資を始めようと思いつつ、いつ購入すればよいかわからないと思っている人

積立投資は、始める時期を問いません。長期にわたって購入していきますので、たとえ、今、基準価額が低くても、半年後はどうなっているかわかりません。同じように、今、高くても先々のことはわかりません。ドルコスト平均法を用いれば、購入数量を調整することで、取得価額を安定化させることができます。

つみたてNISAをいつ始めるかは、その運用成果にとって、それほど重要な要素ではありません。むしろ、どのくらいの期間、積立を行うことができるのかといったことのほうが重要な要素といえます。積立を行う期間が長ければ長いほど、そして、基準価額の高いときも低いときも購入し続けることで、ドルコスト平均法のメリットを享受することができ、リスクを軽減しながら資産形成を行うことができます。つまり、長期間運用することに意味があるのであり、「いつから始めるか」というよりは、「いつまで続けるか」がポイントになります（Ⅰ－2「（4）不安・怖いという心理」（38ページ）参照）。

「いつから始めるか」というよりは、
「いつまで続けるか」がポイント

（3）職場つみたてNISA

職場つみたてNISAとは、職場という身近な場を通じ、NISAを利用した資産形成ができるよう事業主等が利用者（役職員等）を支援し、福利厚生の増進を図ることを目的とした制度です。事業主から支払われる職場つみたてNISAの奨励金については、賃上げ促進税制の対象となっています。

賃上げ促進税制

【大 企 業】雇用者全体の給与等支給額の増加額の最大30％相当額を法人税額から特別控除できます。

【中小企業】雇用者全体の給与等支給額の増加額の最大40％相当額を法人税額から特別控除できます。

※税額控除上限：法人税額または所得税額の20％

福利厚生の一環として、職場つみたてNISAで奨励金をプラスした場合、賃上げ促進税制の対象です。従業員にも社長にもうれしい仕組みといえます。

＜職場つみたてＮＩＳＡのフロー図（例　天引き方式）＞

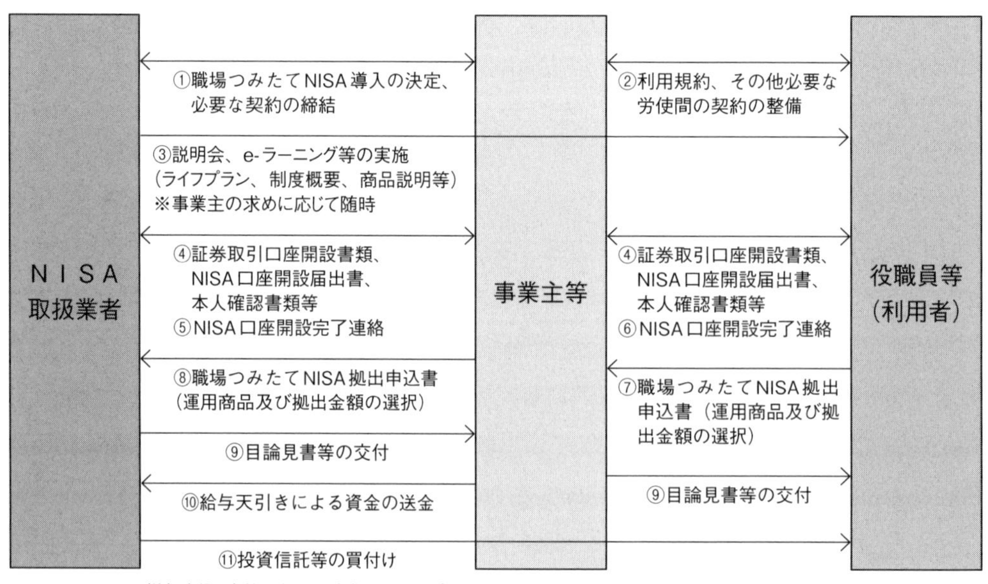

（注）書類の交付・受入は、事業主等を介さず、NISA取扱業者と役職員との間で直接行うことも考えられる。

出所：日本証券業協会『「職場つみたてNISA」について』より複製

職場つみたてNISAを導入する事業主等は、NISA取扱業者（金融機関）と職場つみたてNISAに関する契約を締結し、利用者はNISA取扱業者（金融機関）にNISA口座を開設し、投資信託等に投資します。事業主等は、複数のNISA取扱業者（金融機関）と職場つみたてNISAの契約を締結することが可能で、利用者に多様な選択肢を提供することができます。NISA取扱業者（金融機関）は、関係法令および日本証券業協会を含む関係金融団体等で構成されるNISA推進・連絡協議会が定めたガイドラインに基づき、職場つみたてNISAを取り扱います。

給与から天引されるのか。今、現金がほしいと思わないこともないけれど、将来の自分に仕送りしていると考えよう！

職場の人と、運用の話ができるのはいいかもしれない。銀行で話を聞いても全部を覚えていることができないけれど、職場説明会でみんなが聞いていたら、誰か覚えているかもしれない。少し心強い。

3 一般NISAの基礎

（1）一般NISAの特徴

一般NISAは、つみたてNISAと同様に、その年の１月１日において、18歳以上の居住者等が利用できる非課税制度です。一般NISA用の勘定（非課税管理勘定）には、上場株式等（「上場株式」「ETF（上場投資信託）」「REIT（上場不動産投資信託）」「公募株式投資信託」など）を受け入れることができ、受け入れた上場株式等の配当等（上場株式の配当については「株式数比例配分方式」を選択したものに限られます）や譲渡益が非課税になる制度です。なお、債券や公社債投資信託などを受け入れることはできません。

2024年からは、一般NISAの機能は「成長投資枠」というものに引き継がれます。ただし、これまで一般NISAの投資対象であった「レバレッジ型の投資信託」や「信託契約期間が20年未満の投資信託」「毎月分配型投資信託」は「成長投資枠」の投資対象に含まれていません（「４．（２）2024年以降における「NISA」等に係る主な改正事項」（96ページ）参照）。

＜一般NISAの概要＞

口座開設対象者	その年の１月１日において18歳以上の居住者等	
非課税の対象	【2023年まで】 NISA口座内の公募株式投資信託を含む上場株式等（特定公社債等は除く）の配当等、譲渡益	【2024年から（成長投資枠）】 一定の上場株式等の配当等、譲渡益（「４．(2)2024年以降における「NISA」等に係る主な改正事項」（96ページ）参照）
非課税投資枠	新規投資額で年120万円が上限 ▶前年に非課税投資枠の未使用分があったとしても翌年以降に繰り越すことは不可 ▶非課税期間終了時の翌年に設定される非課税管理勘定にロールオーバーする分については上限額はなし	新規投資額で年240万円が上限 ▶ただし、つみたて投資枠と合わせて1,800万円が上限（成長投資枠のみの場合1,200万円が上限）
非課税期間	最長５年間	無期限
購入方法	一括または積立による購入が可能	

金融機関変更	可能。ただし、変更しようとする年の9月末までに、金融機関で変更の手続きを完了する必要がある
他の口座等との損益通算	NISA口座で保有している金融商品を換金するなどして損失が出ても、他の口座（一般口座や特定口座）で保有している金融商品の配当金等や譲渡益との相殺（損益通算）はできない

一般NISAの魅力は、一括投資等をした投資信託等の配当等や譲渡益が非課税になることです。一般NISAの場合、まとまった金額で投資ができるので、非課税のメリットがわかりやすいかもしれません。ただし、お客様が税制のことをあまりご存知なければご理解いただけないかもしれませんので、NISA制度を利用した際の税制上のメリットを再度説明したいものです。

このXファンドの譲渡益は10万円でした。NISA口座を使っていただいていたので、これに課税されることはありません。もし、NISA口座での取引でなければ、2万円程度の税金がかかります。

2万円も!?　手取り金額が2万円も増えるなんて、NISA口座を使ってよかったわ。

つみたてNISAの対象商品になっていない毎月分配型投資信託などについても、2023年までであれば、一般NISAで購入することができます（2024年から毎月分配型投資信託は「成長投資枠」の投資対象外となります）。この場合、普通分配金に課税されないことから、1万口当たりの分配金の額が同じであれば、受け取ることができる手取り分配金の額が税金分増えることになります。この効果を長期にわたって享受できるのは魅力です。

【2023年中】

毎月5,000円の分配金が支払われても、課税されたら、手取り額は4,000円弱になります。もちろん元本払戻金（特別分配金）でしたら、もともと非課税ですのでNISA制度を利用しているメリットはありません。元本払戻金（特別分配金）が支払われるか、普通分配金が支払われるかはマーケット次第です。
5,000円と4,000円弱の、この1,000円の差は大きいと思われませんか？

なお、一般NISA用の非課税管理勘定で、積立もできますが、総じてつみたてNISAの対象となっている投資信託のほうが、費用が低くなっています。そのため、非課税管理勘定を設定しながら、積立の利用しかしていないお客様には、つみたてNISAの勘定に変更しなくてもよいのかを伺うことも大切です。

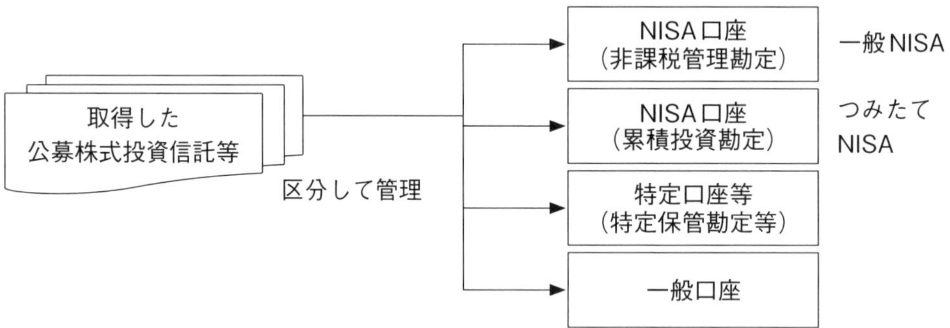

一般NISAは2014年から始まった制度で、つみたてNISAは2018年から始まった制度です。そのため、当初は、積立をする場合には、非課税管理勘定を利用するしかありませんでした。

【2023年中】

現在、一般NISAを使って積立投資をされていますが、今後、一括投資をされる予定はございますか？　実は、つみたてNISAの対象となっている投資信託のほうが、一般に費用が低いので、このまま一般NISAの利用でよいか、一度検討していただいてもよいのではないかと思いました。もちろん、ドルコスト平均法による積立効果のこともありますので、絶対につみたてNISAに変えなければならないというわけではありません。

2023年度税制改正により、2024年からは、一般NISAの機能が引き継がれる「成長投資枠」と「つみたて投資枠」の併用が認められることになりました。そのため、積立投資をする際には、積立に適した商品の選択がよりしやすくなります。アフターフォローの一環としても、お客様に一度、積立商品の見直しの機会を提供してみてはいかがでしょうか。

また、2024年から毎月分配型投資信託がNISA制度の対象商品から外れることなども、アフターフォローの際に伝えておくことが考えられます。

【2024年から】

2024年から、一般NISAの機能を引き継いだ成長投資枠の投資対象商品に、毎月分配型投資信託が含まれていません。ただ、隔月分配のものや年4回決算のものなどは対象に含まれていますので、もし、公的年金の補完として毎月の受取りでなくても構わないということであれば、そのようなファンドを選択し、非課税で普通分配金の受取りをしていただければと思います。

【やってはいけないこと】

2024年から、毎月分配型投資信託は、非課税の適用を受けることができなくなります。そのため、2022年中に申し込んでいただいた毎月分配型投資信託は、2024年になったら、隔月分配の投資信託等に乗り換えてください。

⇒2022年中に申し込まれた毎月分配型投資信託は、2026年12月末までは非課税の適用を受けることができます。2024年になってすぐに乗り換える必要はありません。また、お客様が、非課税期間終了後、課税口座に移管されてもよいということであれば、乗り換える必要もありません。

（2）一般NISAを検討してほしいお客様のタイプ

■ 会社員の人

会社員の人の場合、つみたてNISAをベースに考えていらっしゃることも多いかもしれませんが、積立については、財形貯蓄や積立定期預金をするので精いっぱいだとおっしゃるお客様もいらっしゃいます。

冠婚葬祭が重なったときなどは、その月の収支が赤字になってしまうことも多いから、積立のメリットはわかるけれど、財形貯蓄も行っているし、これ以上はあまり無理をしたくないな。

このようにおっしゃったお客様に、どのようなアドバイス、提案をされますか。

お気持ちはわかりますが、だからこそ、積立で資産形成が必要なのです。老後のお金を今から貯めておかなければ、老後になって、お金が不足していると思っても、できることが今より限られてしまいます。

このようなアドバイスは確かに正論です。お客様の将来のことを考えての発言かもしれませんが、お客様にしてみると今の生活も大切です。

資産形成が大切なのはわかっているよ！　だけど無理はしたくないんだ！

無理に積立をしていただいた結果、月々の家計収支が悪化し、積立をする一方でカードローンの利用が増えてしまっては元も子もありません。このような場合、一般NISA（2024年以降は「成長投資枠」）の提案をしてみてはどうでしょうか。「積立が無理なのに一般NISAなの？」と思われるかもしれませんが、一般NISAであれば、「毎月」等の継続性は必要ありません。たとえば、残業代が多かった月や外食が少なかった月、あるいは月末の普通預金残高に余裕があるときに少しずつ投資信託を購入していただくことができます。また、賞与の一部での購入も可能です。

つみたてNISAと比べて、一般NISAの提案は、定期預金の満期資金など、まとまった資金での運用を提案しがちです。しかし、余裕のあるときだけ投資ができるというのは、一般NISAの魅力のひとつです。そして、賞与の一部も含めて購入できるときに購入していただければ、時間分散の効果を得ることもできます。

■ 自営業者の人

自営業者の人は、一般に景気のよいときと悪いときの収益状況の差が大きく、コンスタントに積立をすることに抵抗を感じる人が多いといえます。会社員の人の場合と同じように、「お客様の都合のよいときに一般NISAを利用するのはいかがでしょうか？」といった提案をしたいものです。

売上が伸びて、利益が増えてきたなというときに、一般NISAのことを思い出してください。売れ行きがよく、お金に余裕があるときに、しっかりと資産形成もしていただければと思います。

【2024年から】

お客様の都合に合わせて成長投資枠を利用してください。成長投資枠で購入した投資信託は非課税期間が無期限ですので、できればお客様の将来の公的年金の補完目的で使っていただければと、考えています。

【優越的地位の濫用に注意】

自営業者の人は、「銀行さんの頼みだったら聞いておいたほうがいいかな？何かのときに融資を頼まないといけなくなるかもしれないし」と思いがちです。

販売担当者は優越的地位の濫用をしていないにもかかわらず、お客様が勝手に忖度してしまうことがあります。よく話を伺い、お客様が何のために一般NISA、投資信託を申し込むのかを理解した上で契約していただくようにしなければなりません。

■ 投資に興味のある投資初心者

「投資に興味はあるけれど、投資経験はありません」といわれると、つみたてNISAを提案することが多いのではないでしょうか。リスク分散（時間分散）の効果を優先的に考えるのであれば、つみたてNISAを提案するのもよいでしょう。しかし、投資に興味があるのであれば、一般NISAを提案したほうがよい場合もあります。なぜなら、積立投資よりもマーケットの変動をより感じることができるからです。つみたてNISAなどの積立投資をした場合、継続的に購入するため、マーケットのタイミングを考えなくてもよいという利点がありますが、一方で、マーケットの変動を楽しむ要素が少なくなってしまいます。

つみたてNISA利用のメリットは購入時期を考えなくて済むこと。一般NISA利用のメリットは、マーケットの動きに合わせて売買の時期を自分で判断できること

投資を通じて経済を学びたいという人も、つみたてNISAより、一般NISAを利用したほうが、より経済の動向を感じることができるでしょう。基準価額が○○円になったので、△円ぐらいの利益が出ているといったことがわかりやすいのは一括投資です。また、おおむね右肩上がりで上昇している相場状況のときは、積立投資よりも一括投資のほうが収益率は高くなります。

購入時の基準価額が10,500円で、購入時手数料率が2.2%でしたので、分配金を加味しなければ、基準価額が10,731円以上であれば元本部分の損失はないことになります（換金時には手数料等はかかりません）。

損をしているのか、利益になっているのか、わかりやすくていいわね！

ここで気を付けたいのは、リスクを回避しているのは、お客様よりも販売担当者のほうになっていないかということです。何となく「長期・積立・分散」投資をしてもらうことで安心できる、あるいはマーケット動向を気にしなくて済むといったことになっていないでしょうか。「投資におけるリスクは危険ではなく期待収益率に対するブレ幅です。リスクがなければリターンを得ることもできません」と説明しながら、販売担当者がお客様のリターンを追求しようとする気持ちに寄り添うような提案をしていないケースが見受けられます。お客様の中には、マーケットの変動を楽しむ人や、マーケットを見ることで投資していることを忘れなくて済むといった人もいらっしゃいます。

確かに、定期預金の満期資金に対するご相談を受けているのに、満期資金の額に対する提案ではなく、積立投資ばかりを提案しているかも……。お客様のリスク回避というより、お客様に損失が発生したときに、アフターフォローなどをするのが嫌で、何となく一括投資を避けていたかもしれない。

■ 60代・70代の人

60代・70代のお客様で、年金生活者の人などは、公的年金の補完として、毎月分配型投資信託を好まれる傾向があります。

元本の成長を期待しながら、継続して分配金を受け取っていく方法は公的年金の補完に向いています。預金であれば、毎月一定額を取り崩すと、今の金利水準では、その金額相当分の元本の減少になりますが、投資信託の場合であれば、運用益によるリカバリーが期待できます。もちろん、下落することもありますが、解約を考えるより、分配金を受け取ることを目的にしていれば、下落時においてもそう慌てることはないでしょう。

トータルリターンの考え方を理解していただけると、さらに慌てずに済むでしょう。

トータルリターン＝（評価金額＋累計受取分配金額（税引後）＋累計売付金額）－累計買付金額

2024年から、成長投資枠で投資した投資信託等の非課税期間が無期限になります。これによりロールオーバー（非課税投資の延長）の必要もなくなり、長期保有するのに使い勝手がよいものとなりました。

ただし、成長投資枠の勘定である特定非課税管理勘定の受入れ対象商品の中に、毎月分配型投資信託が含まれていません。そのため、年金の補完として考えるのであれば、隔月分配型の投資信託などがよいかもしれません。

【2024年から】
分配金額の変動はもちろんありますが、非課税期間が無期限になったことで、お申込みいただく投資信託の普通分配金は、ずっと非課税で受け取ることができます。ただし、毎月分配型投資信託はNISA制度の対象外となっていますので、非課税になることを優先させるのであれば、隔月に分配金が支払われるものや年４回決算のものなどを選択していただく必要があります。

■　遺族年金が少ないと考えている人

つみたてNISAや一般NISAの口座開設者が亡くなられたときに保有されていた公募株式投資信託等は、亡くなられた日の終値相当の金額で換金した場合の手取り額で相続人が取得したものとみなされ、相続人の特定口座または一般口座に移管されます。また、被相続人に譲渡益が発生していた場合は非課税の適用があり、譲渡損失となっていた場合は税法上、当該譲渡損失はなかったものとみなされます。

iDeCoの場合、加入者が60歳までの間に死亡し、５年以内に所定の手続きをすると、その資産は現金化され、遺族に一時金として支払われますが、投資信託の場合は、NISA制度の利用の有無にかかわらず、投資信託のまま引き継ぐことが可能です。そのときに資金が必要であれば現金化することもできますし、たとえば当面は会社からの弔慰金や死亡退職金などでやりくりできるということであれば、そのまま投資信託で運用を続けることもできます。また、教育費が一番かかるときまで、投資信託で運用しながら資産形成をすることも考えられます。

4 iDeCo、つみたてNISA、一般NISAの比較

（1）iDeCo、つみたて NISA、一般 NISA の比較（2023 年中）

	iDeCo	つみたてNISA	一般NISA
対象者	一定の要件を満たす20歳以上65歳未満の国民年金・厚生年金加入者	その年の1月1日において18歳以上の居住者等	
年間の投資上限額	14.4万円～81.6万円	40万円	120万円
非課税期間	加入者の職業や勤め先の年金制度によって異なる	最長20年	最長５年
購入方法	毎月定額または年単位で掛金を拠出	積立投資	一括投資・積立投資
対象商品	商品提供機関が提供する投資信託や定期預金等	一定の要件を満たすETF・株式投資信託	上場株式等
税制優遇	●拠出時：掛金の全額が所得控除の対象 ●運用時：運用益が非課税 ●給付時：受取り方法により退職所得控除や公的年金等控除の対象	NISA口座で購入した対象商品の譲渡益・分配金（普通分配金）が非課税	
払出し	原則60歳以降、75歳までの間に給付金の受取りができる	特に制限なし	
メリット	●掛金の全額が所得控除の対象 ●給付金が退職所得控除や公的年金等控除の対象 ●ポータビリティが可能	●譲渡益・分配金（普通分配金）が非課税 ●ライフプラン等に合わせて引出し可能	
		●長期・積立・分散投資に適した商品が対象商品になっているので選択しやすい ●対象商品のコストが低い	●積立投資も一括投資もできる ●つみたてNISAに比べて幅広い商品を選択できるなどの自由度が高い
デメリット	●口座管理手数料がかかる ●原則60歳以降しか払出しができない	●積立金に対する所得控除はない ●年間の投資上限額が決まっている ●他の口座で生じた譲渡益等との損益通算ができない ●一般NISAとつみたてNISAの併用は不可	

<ポータビリティ>

確定拠出年金においては、離転職により企業型DC等に加入できたり、できなかったりした場合でも、積み立てた年金資産は、引き出すのではなく、持ち運ぶことになります。これを「ポータビリティ」といいます。たとえば、iDeCoの加入者であった人が、企業型DCを実施する会社に就職した場合、iDeCoで積み立てた資産は、就職先の企業型DCに移換することができます。企業型DCの加入者にならなければ、iDeCoに引き続き加入することもできます（企業の規約等によって対応が異なる場合があります）。

◇ポータビリティの可否

		資産移換先の制度			
		確定給付企業年金	企業型DC	iDeCo	中小企業退職金共済
移換前に加入していた制度	確定給付企業年金	○	○（※1）	○（※1）	○（※3）
	企業型DC	○	○	○	○（※3）
	iDeCo	○	○	－	×
	中小企業退職金共済	○（※2、3）	○（※2、3）	×	○

（※1）確定給付企業年金から企業型DC・iDeCoには、本人からの申し出により、脱退一時金相当額の移管が可能
（※2）中小企業退職金共済に加入している企業が、中小企業でなくなった場合、資産の移換が可能
（※3）合併等の場合に限っての措置

（2）2024年以降における「NISA」等に係る主な改正事項

政府の「資産所得倍増プラン」を受け、2023年度税制改正において、2024年1月1日からNISA制度が大きく改正されます。たとえば、NISA制度が恒久化されるとともに、非課税期間が無期限とされ、非課税投資枠も拡大されます。また、一般NISAは2階建ての制度に見直されず、「つみたて投資枠（従来のつみたてNISAの投資枠）」と「成長投資枠（従来の一般NISAの機能を引き継いだ投資枠）」を同じ年に併用して利用できるようになります。

＜2024年以降のNISA制度＞

	つみたて投資枠 （特定累積投資勘定）	成長投資枠 （特定非課税管理勘定）
制度期限 （購入可能期間）	なし（恒久化された制度）	
非課税期間	無期限	
年間投資上限額	120万円	240万円
非課税保有限度額	1,800万円 （うち、成長投資枠での利用は1,200万円まで）	
対象商品	2023年までのつみたてNISAと同じ	公募株式投資信託を含む一定の上場株式等
購入方法	定時・定額の積立投資	一括投資・積立投資
対象年齢	その年の1月1日において18歳以上	

■ NISA制度の恒久化

当初、一般NISAを利用した新規投資は2023年まで、つみたてNISAを利用した新規投資は2037年までとされていましたが、2020年度税制改正により、一般NISAは２階建ての制度に見直した上で５年間の延長、つみたてNISAは新規投資できる期間が５年間延長され2042年までとされました（ジュニアNISAは2023年で新規投資は終了）。

これが、2023年度税制改正で、一般NISAの機能については２階建ての制度に見直しされず「成長投資枠」として、つみたてNISAについては「つみたて投資枠」として、新規投資および口座開設ができる期間に期限を設けず、恒久的な制度とされました。恒久化されることにより、お客様が都合のよい時期に、いつでも非課税投資をすることができます。

30代で積立投資を始めて、50代からは一括投資をしたいなと思っていたけれど、これまで一括投資できるのは2028年までとされていたから、このような投資はできなかった。恒久化されることで、自分のライフステージに応じて、一括投資もできるね。

■ 非課税期間の無期限化

従来、非課税管理勘定（一般NISA）に受け入れた公募株式投資信託等の非課税期間は最長５年間、累積投資勘定（つみたてNISA）に受け入れた公募株式投資信託等の非課税期間は最長20年とされていました。しかし、2024年以降、成長投資枠である特定非課税管理勘定に受け入れた公募株式投資信託等や、つみたて投資枠である特定累積投資勘定に受け入れた公募株式投資信託等の非課税期間は無期限化されます。無期限化されたことにより、今後、成長投資枠を利用して非課税投資をした場合もロールオーバーが不要になります。ただし、この非課税期間の無期限化は、2023年12月末までに新規投資をした公募株式投資信託等には適用されません。そのため、2023年に一般NISAを利用して新規投資をした公募株式投資信託等は、2027年12月末で非課税期間が終了します。

なお、このNISA制度の改正に伴い、既存の制度に基づく非課税管理勘定または累積投資勘定の新規の設定は2023年で終了し、一般NISAとつみたてNISAを利用した新規投資は2023年12月末をもって終了します(非課税期間中のものは、非課税期間終了日まで、そのまま非課税投資を継続できます)。

2024年には非課税管理勘定が設定されないことから、2019年に一般NISAを利用して購入した公募株式投資信託等はロールオーバーすることができないことに注意が必要です。

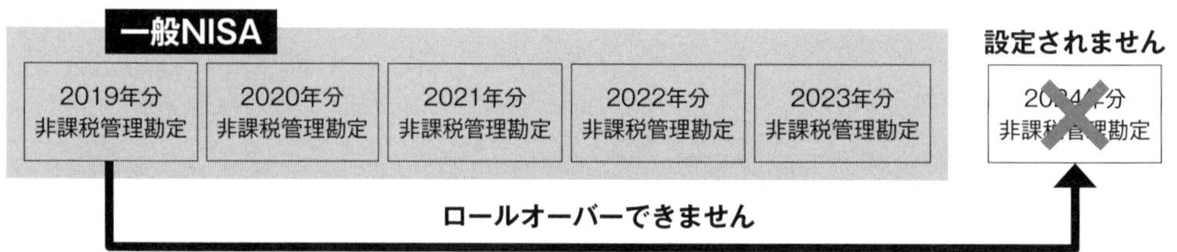

一般NISA、つみたてNISA、ジュニアNISAから、新しいNISAへのロールオーバーは不可！　非課税期間が無期限になるのは、2024年以降新規で購入した分から！

非課税期間が無期限になったことで、金融機関にとっては事務手続きが簡素化されます。非課税期間が５年というのは、長期投資の期間としては少し短かったといえます。また、非課税期間が無期限化することで、ロールオーバーに伴う翌年の非課税投資枠の利用が不要になります。

私は、2017年は年間120万円の上限まで投資信託を購入していました。特に使う予定もなかったので、2021年末に非課税期間が終了になった際には、ロールオーバーを選択しました。しかし、このロールオーバーで2022年の非課税投資枠を使い切ってしまったので、2022年に新たな非課税投資ができませんでした。2024年以降の購入であれば、このようなことがなくなるのですね。

NISA口座を活用して投資信託を購入していたのですが、途中で「ロールオーバーしますか？」といった通知がきて、どうすればよいのかよくわからないし、「何だか投資信託って面倒だな」と思ってしまいました。5年前に説明を聞いていたのでしょうが、もう忘れました。

非課税期間が無期限になったことでお客様のこのようなストレスがなくなります。また、これまで、非課税期間終了時にロールオーバーをしない場合には、その投資信託等は特定口座等の課税口座に移管されていました。課税口座に移管した際の取得価額は、実際に取得したときの価額ではなく、移管時の時価です。そのため、基準価額が購入時よりも上昇しているときはよいのですが、下がっているときは、その後、実質的にお客様にとっては損失である場合にも、課税対象となってしまうことがありました。

＜非課税期間終了後、課税口座に移管した場合の例＞

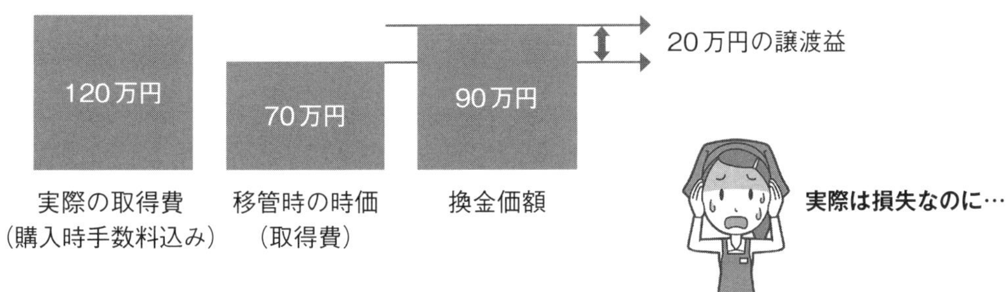

このようなことも、非課税期間が無期限になったことで、自ら課税口座への移管を選択しない限り回避することができます。

ただし、2023年以降非課税期間が終了となる一般NISA利用のお客様は注意が必要です。これまで損失が発生していた際には、ロールオーバーを選択し価格が上昇するのを待つことができました。しかし、今後ロールオーバーすることができませんので、非課税期間が終了した際には、好むと好まざるとにかかわらず課税口座に移管されることとなります。

一般NISA利用の公募株式投資信託等については、非課税期間が終了した際の税法上の取り扱いについて、早めに説明しておいたほうがよいかもしれない。万一、非課税期間終了時に損失が出ていたら「移管時の時価が課税口座での取得費になるなんて聞いていない！　何で利益が出ているときに教えてくれなかったの！」と苦情になりそう……。

無期限化されることで、「NISA口座は2023年中には開設せず、2024年になってから開設して、非課税投資を始めたほうがいいわね？」とおっしゃるお客様もいらっしゃるかもしれません。

この場合、非課税期間の有無にどこまでこだわるのかによります。たとえば「一般NISAの非課税期間が5年間なんて短すぎる、しかもロールオーバーができないのは困る」とおっしゃるのであれば、2024年から非課税投資を始めることが考えられます。しかし、2024年まで非課税投資を待つことで、マーケットが変動し今よりも高い基準価額でしか公募株式投資信託の購入ができなくなる可能性も忘れてはなりません。マーケットが来年どのようになるのかは誰もわかりません。

■　特定非課税管理勘定と特定累積投資勘定

2024年以降、つみたて投資枠（つみたてNISAに該当する部分）を利用して購入した公募等株式投資信託（これまでのつみたてNISA対象商品と同じ）を管理する勘定が「特定累積投資勘定」です。一方、成長投資枠（従来の一般NISAの勘定である「非課税管理勘定」の機能を引き継ぐもの）を利用して一括または積立により購入した上場株式等（対象商品は2023年までの一般NISAと異なります）を管理する勘定が「特定非課税管理勘定」です。

NISA口座には「特定累積投資勘定」と「特定非課税管理勘定」が、原則として各年の1月1日に同時に設定されます。(2023年までにNISA口座をすでに保有していた場合、2024年に当該勘定が自動的に設定されます）。

同時に設定されるということは、2024年以降は、年間の非課税投資枠等を上回らなければ、同じ年に「特定累積投資勘定」と「特定非課税管理勘定」を併用して新規投資ができるということです。

2023年までは、同じ年に一般NISAとつみたてNISAを併用して新規投資をすることは認められていませんでした。そのため、一般NISAを選択しながら、まとまった資金がないので、つみたてNISAを利用しようかと考えたものの、勘定の変更が手間で利用しなかったお客様もいらっしゃいます。一方、つみたてNISAを選択して積立をしているお客様は、マーケットのタイミングを見て一括投資したいと思っても、一般NISAの利用はできませんでした。これらのお客様にとって、2024年以降、利便性が高まるといえます。

【2023年中】

今月はすごくAファンドの基準価額が下がっている。つみたてNISAでの購入も、その分、多くの口数を購入できるけれど、金額を増やして購入することができないんだよなぁ。一括投資をするには課税口座を使うしかないかな。

【2024年から】

今月はすごくAファンドの基準価額が下がっている。つみたて投資枠での購入も、その分、多くの口数を購入できるけれど、成長投資枠を使って、一括投資もしておこうかな。

【2024年から】

お客様がつみたてNISAを始められて数年が経ちました。もし、もう少し積極的な投資も考えてもよいということであれば、2024年からは、つみたて投資枠をご利用いただきながら、「成長投資枠」というものを使って一括投資もできるようになりましたので、ぜひご検討ください。

2024年からのNISA制度は、積立を基本として、余裕のあるときはもう少し投資を増やすといった利用ができます。つみたて投資枠の利用を継続していただきながら、余裕のある月や基準価額がとても下がったと思われるときには「成長投資枠」を使って一括投資もできるようになりましたので、ご連絡いたします。

特定累積投資勘定には、積立により継続的に購入する公募等株式投資信託や、受益権の分割等により取得した公募等株式投資信託を受け入れることができます。

特定非課税管理勘定には、一定の上場株式等を受け入れることができます。一定の上場株式等とは「取引所から整理銘柄・監理銘柄として指定されているもの」「内閣総理大臣が財務大臣と協議して定めるもの」「投資信託約款において一定のデリバティブ取引に係る権利に対する投資として運用を行っているもの（レバレッジ型やインバース型ファンド等）」などを除く上場株式等です。また、公募株式投資信託の場合、次の要件を満たしたものが一定の上場株式等に該当します。

- ▶信託期間が無期限または20年以上
- ▶収益の分配が毎月行われず、かつ信託の計算期間ごとに収益の分配を行うこととされている定めがある

ここで注意したいのは、毎月分配型投資信託が一定の上場株式等に該当しないことです。そのため、2024年以降、NISA制度を利用して毎月分配型投資信託を購入することはできません。

テーマ型のアクティブファンドには、信託期間が20年未満のファンドが数多くあ

ります。今後、投信会社が約款を変更するかどうか検討すると思われますが、テーマ型のアクティブファンドはその性質上、信託期間を20年以上に設定することがよいとは限りません。また、信託期間が短いからといって悪い投資信託ではありません。

そのため、NISAの対象商品ではないという理由だけで、お客様に信託期間が20年未満の株式投資信託の案内をしないというのは、真にお客様のニーズを捉えた提案とはいえません。

お客様がご興味のある分野の会社を投資対象にした投資信託もあります。過去の実績にはなりますが、他のファンドと比べてリスクに対するリターンの割合が高くなっています。ただ、こちらの投資信託は、NISAの対象商品にはなっていません。対象商品になっていないからといって悪いファンドではありません。ただ、長期にわたる資産形成に向いているファンドというよりは、今の時流に乗ったテーマで運用するタイプの投資信託といえます。非課税投資を優先して銘柄選択をなさいますか？　それとも興味のある分野を投資対象にしたいと考えられますか？

なお、お客様がNISAの対象外のファンドを選択された場合、「非課税投資」というメリットを享受できないことになりますので、それについての説明内容やお客様がNISAの対象外のファンドを選択された理由等を面談記録等に残しておくようにしましょう。

■　年間の非課税投資枠の拡大

2023年まで、一般NISAの非課税投資枠は年間120万円、つみたてNISAの非課税投資枠は年間40万円です。この金額は少額であるとともに、つみたてNISAについては、毎月積み立てる場合、12で割り切れない金額であることが問題となっていました。

2024年以降は、成長投資枠（従来の一般NISAに相当）が年間240万円（従来の２倍）、つみたて投資枠（従来のつみたてNISAを引継ぎ）が年間120万円（従来の３倍）、合計で360万円が年間の非課税投資の上限額となります。ただし、後述する非課税保有限度額があることに注意が必要です。

年間の非課税投資枠が拡大されたことで、お客様に、今の積立金額等がお客様のライフイベント実現のためにふさわしい金額であるかどうかの確認が必要です。また、つみたてNISAを利用し、これまで月額3.3万円の積立をされていたお客様や一般NISAを利用して年間120万円の新規投資をコンスタントに行っていたお客様には改正内容をぜひ伝えたいものです。

【2024年から】

2024年から非課税投資枠が拡大されました。当初、積立も継続できないかもしれないとおっしゃっていましたので、最低積立金額からスタートしましたが、積立を続けてみていかがですか？　つみたて投資枠をご利用の場合、年間120万円まで積立ができるようになりましたので、よろしければ、この機会に改めて、いつまでにいくらぐらい貯めたいといった目標等についてお話を聞かせていただけませんか？

■ 非課税保有限度額

年間の非課税投資枠を拡大し、それが恒久的に利用できるとなれば富裕層を優遇する制度になるのではないかという懸念から、NISA口座で保有できる金額に上限が設けられました。非課税保有限度額は1,800万円（うち、成長投資枠での利用は1,200万円まで）です。そのため、つみたて投資枠のみを利用した場合、たとえば年120万円の新規投資を行えば、15年間の積立で非課税保有限度額の1,800万円に達することになります（途中で換金することは考慮していません。以下同じ）。成長投資枠のみを毎年240万円利用した場合は、５年で成長投資枠の非課税保有限度額の1,200万円に達します。この場合、成長投資枠の限度額1,200万円に達していますが、全体の限度額の1,800万円にはあと600万円の余裕があります。この部分は年間120万円を上限としてつみたて投資枠の利用が可能です。

2024年からは、年間の非課税投資枠のほかに、NISA口座で保有できる金額に上限（非課税保有限度額）が設けられました！

なお、この非課税保有限度額の計算において、2023年までにNISA制度を利用して購入し、保有している投資信託等の金額はカウントされません。2024年から始まる新NISA制度を利用して購入したものだけがカウントされます。

2023年にはつみたてNISAを年間40万円分利用し、2024年から「成長投資枠」と「つみたて投資枠」を合計360万円ずつ利用して非課税投資を行った場合を考えてみます。換金等しなければ、2024年から毎年360万円ずつの新規投資を行うと5年後の2028年に非課税保有限度額の1,800万円に達します。このとき、NISA口座の利用としては、2023年のつみたてNISAの40万円分がありますので、合計1,840万円を非課税投資していることになります。2023年に40万円分非課税投資をしているからといって、その分非課税保有限度額が少なくなることはありません。

早々に非課税保有限度額を使い切ってしまうと、もったいない気もするけれど、長期投資をするためなら、早めの投資ということも考えなければ!!

特定累積投資勘定（つみたて投資枠）に受け入れる場合には、次の合計額が1,800万円までであれば、購入（受け入れることが）できるとされています。

- ▶その年の特定累積投資勘定に受け入れた取得対価の額の合計額
- ▶その年の特定非課税管理勘定に受け入れた取得対価の額の合計額
- ▶特定累積投資勘定基準額

（以上3項目 → Ⓐ）

特定累積投資勘定基準額とは、特定累積投資勘定（つみたて投資枠）と特定非課税管理勘定（成長投資枠）に前年末に受け入れている公募株式投資信託等の購入の代価（簿価）の合計額のことです。イメージ的には前年末の残高ですが、購入の代価（簿価）で考えるため評価損益は含みません。簡単にいうと、「その年にNISAを利用して新規投資をした額」と「前年12月31日時点においてNISA口座で保有している投資信託等の（簿価）残高」の合計が1,800万円を超えてはならないということです。

たとえば、ある年（20XX年）の前年12月31日時点にNISA口座で保有している公募株式投資信託等の簿価合計が1,500万円、20XX年の特定非課税管理勘定に240万円を受け入れていた場合、20XX年において、特定累積投資勘定に受け入れることができる金額は、上限の120万円ではなく、60万円になります。

特定非課税管理勘定に受け入れる場合には、上のⒶの金額が1,800万円までで、次の合計額が1,200万円までであれば、購入（受け入れることが）できるとされています。

▶その年の特定非課税管理勘定に受け入れた取得対価の額の合計額

▶特定非課税管理勘定基準額

特定非課税管理勘定基準額とは、特定非課税管理勘定に前年末に受け入れている公募株式投資信託等の購入の代価（簿価）のことです。評価損益は含みません。

■ 非課税保有限度額の再利用

非課税保有限度額は、「その年にNISAを利用して新規投資をした額」と「前年12月31日時点にNISA口座で保有している投資信託等の残高（簿価）」の合計額で算出されるため、たとえば、前年中にNISA口座内の投資信託をすべて換金すると、その分、非課税保有限度額の枠が空くことになります。そして、空いた分の非課税保有限度額の枠は、再利用することができます。

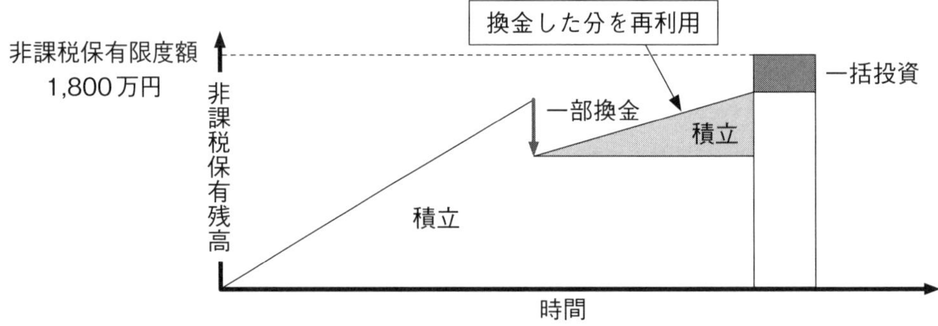

【毎月10万円、つみたてNISAを利用して積立を始めた35歳のAさんとBさんの例】

２人とも、成長投資枠は利用していないものとします。

Aさんは、そのまま途中で換金することなく、15年間積立を継続しました。その結果、50歳のときに、つみたてNISAの保有残高（簿価）が1,800万円になりました。Aさんは、このあとも当面、保有残高を換金するつもりはありません。

このあとは、新規投資はできませんので、iDeCoの運用指図者のように、残高が運用によって増えることを期待したいと思います。

一方、Bさんは、積立を始めた10年後に、両親と同居するため家を購入しました。その際、NISA口座の保有残高（簿価）1,200万円の中から（簿価）1,000万円分を換金し引き出しました。Bさんは、その後も積立を続け、その結果、50歳のときのつみたてNISAの保有残高（簿価）は、800万円になりました。このときBさんの累計積立総額はAさんと同じ1,800万円ですが、50歳時点での保有残高（簿価）は800万円であることから、今後もBさんは積立を続けることができます。

限度額に1,000万円の余裕があります。そのため、もう少しこのまま積立を継続したいと思います。

このように、同じように50歳まで積み立てた場合でも、途中換金の有無によって、50歳時点の保有残高に差がつきます。そして、2024年からは、非課税保有限度額の範囲内で、かつ年間の非課税投資枠の範囲内であれば、換金によって空いた非課税保有限度額を再利用することができます。

【これはできません!!】

ある年に成長投資枠を利用して240万円でXファンドを購入し、同じ年に利益が出たため換金しました。その後、非課税保有限度額に空きがあることから、同じ年に今度はYファンドに240万円の新規投資をしました。

⇒　年間の非課税投資枠は換金によって空きができても再利用することはできません。もちろん翌年に繰り越して、翌年に480万円（その年の非課税投資枠と前年に換金した分の非課税投資枠の合計）の非課税投資をすることもできません。

非課税保有限度額の再利用ができるようになったことで、柔軟な非課税投資を行うことができます。たとえば、当初、つみたて投資枠を利用して資産形成をします。その後、住宅購入や教育資金等に充当するため換金したとすると、その金額分、非課税保有限度額に空きができます。その空きが出た分を使って、さらに年間の非課税投資の上限額の範囲で積立を継続していただいても結構ですし、成長投資枠で一括投資をしていただくこともできます。累計では1,800万円以上の非課税投資をすることが可能です。

当初はつみたて投資枠を利用して資産形成をしていただき、その資金を様々なライフイベントで利用していただきたいと思います。ライフイベントで使用して非課税保有限度額に空きがあれば、退職金が支給された際に成長投資枠で年間240万円の一括投資されるのもよいと思います。

つみたて投資枠と成長投資枠の併用ができ、かつ非課税保有限度額の再利用ができることによって、よりライフイベントに合わせた柔軟な資産形成が可能になります！

NISA口座の管理については、毎年の非課税投資額の管理に加えて、前年末時点における保有残高の管理も必要になります。

ただし、再利用ができるようになったからといって、短期での売買を繰り返すことは望ましくありません。なお、成長投資枠を活用した回転売買等を規制するため、金融商品取引業者等向けの監督指針が改正され、金融機関に対する監督およびモニタリングが強化されます。

また、前年末の保有残高（簿価）の影響を強く受けるとともに、年の途中で換金しても、その年分の再利用はできないことに注意が必要です。

【これはできません!!】

(20XX年6月)マーケットが下がったので、このタイミングでXファンドを購入したいけれど、成長投資枠の1,200万円はすでに使い切ってしまっている。保有しているYファンドは利益が出ているし、換金して限度額を空けよう！

非課税保有限度額が前年末で1,800万円に達しているのですね。それであれば利益が生じているXファンドを換金されませんか？　そうすれば、非課税保有限度額に余裕が生じますので、本日、NISA口座を利用して非課税投資をしていただくことができます。

⇒非課税投資をしているものを換金した場合、非課税保有限度額に空きが生じるのは翌年以降です。

■ ジュニアNISAに係る改正

ジュニアNISA口座で、たとえば2019年に非課税投資をした公募株式投資信託等は、2023年12月末に非課税期間が終了しますが、ジュニアNISA口座で新規投資ができるのは、2023年12月末までです。そのため、2024年1月1日において口座開設者が18歳未満（未成年者）だった場合、その投資信託等は口座開設者が1月1日において18歳である年の前年12月末までの間、継続管理勘定に移管して非課税投資を続けることができます。その際、従来は移管の手続きが必要とされていましたが、今後は自動的に移管されることとなり、もし継続管理勘定に移管したくない場合には、その旨を記載した書類を金融機関に提出することとされました。

なお、口座開設者がその年の1月1日に18歳以上である場合は、継続管理勘定へ移管することができません。そして2024年からの特定非課税管理勘定にも特定累積投資勘定にも移管（ロールオーバー）することができませんので、非課税期間が終了した場合、保有している株式投資信託等は課税口座に移管されます。

■ iDeCoに係る改正等

iDeCoに関しては、2024年の公的年金の財政検証と合わせて、今後、加入可能年齢の70歳までの引上げや拠出限度額の引上げについて検討を進めていくとされています。

なお、退職年金等積立金に対する法人税（特別法人税）の課税の停止措置の適用期限は2023年3月31日までとされていましたが、この措置は3年間延長されることになりました。

iDeCo・NISAの制度等について

応用編

ここでは、iDeCo・NISAの制度を理解した上で、「申込みを検討されているお客様」や「保有されているお客様へのアフターフォロー」について考えます。単に制度等を説明するのではなく、お客様にアドバイスをすることを考えなければなりません。

アドバイスをする
ということは、お客様本位の業務運営を
実践することにつながります。
お客様のニーズや考え方をしっかりと
受け止めることを意識する
必要があります。

1 つみたてNISAやiDeCoへの加入を検討されているお客様へのアドバイス

(1) つみたてNISAとiDeCoの選択で悩まれているお客様へのアドバイス

どちらの制度を選べばよいかについて、考えるポイントはいくつもありますが、次のようなことなどを参考にしていただくことが考えられます。

- ✓ 所得控除の税制優遇の適用を受けることを優先的に考えるかどうか
- ✓ 60歳までに引き出す可能性があるかどうか
- ✓ 途中で積立が難しくなる時期がありそうか
- ✓ 公的年金の補完として使う目的なのかどうか
- ✓ 現在の年齢

所得控除の税制優遇を受けることができるのはiDeCoです。60歳までに引き出す可能性があるのであれば、iDeCoよりもつみたてNISAを選択するほうがよいでしょう。途中で積立が難しくなった場合、どちらの制度も停止することはできます。しかし、iDeCoの場合、口座管理手数料が発生するので、停止している間、口座管理手数料を所得控除による節税額でカバーすることができないことに注意が必要です。また、本質的にiDeCoのほうが公的年金の補完となる制度といえます。途中のライフイベントのために貯める目的であれば、つみたてNISAのほうが適しているでしょう。

また、年齢に関していえば、iDeCoは、原則65歳未満の公的年金の被保険者が掛金を拠出することができます。ご自身が、何歳まで公的年金の被保険者であるのかを考え、あまり加入できる期間がなさそうだということであれば、つみたてNISAを選択したほうが長期的に積立できるといえます。

つみたてNISAの対象商品もiDeCoの対象商品も（制度が異なっていても）さほど大きな差はありません。採用されている投資信託は、いずれも費用が低いものになっており、インデックスファンドが中心です。アクティブ運用のテーマ型のファンドは、その時々の時流に乗って短期的な投資成果を目指すものが多いからといえます。

なお、「分配金の受取りを重視した投資をしたい」「継続的というよりは思ったときにまとめて投資をしたい」といった意向のお客様は、一般NISA（2024年以降は「成長投資枠」）を利用されるのがよいと思われます。

私は結婚したら、子供は4人産みたい！　第２号被保険者だから、産休や育休中もiDeCoを続けることもできるけれど、産休中は産休手当金、育休中は育児休業給付金を給与に代わって受け取ることになる。これらの手当や給付金は非課税だから、所得控除のメリットを受けることができないわね。子供１人ならともかく、４人を考えているので、つみたてNISAのほうが融通が利きそう！

どちらの制度も「手間なく長期的な資産形成を考えている人」向きです。タイプ別で考えると、「お金があるとつい使ってしまうタイプ」のお客様はiDeCoに加入し、60歳までは使えないようにするのもひとつの方法です。「一度決めたら、同じ方針で長期的に継続できるタイプ」のお客様は、つみたてNISAが向いているかもしれません。一方、臨機応変な対応が好きなタイプのお客様は、スイッチングができるiDeCo向きといえるでしょう。なお、「投資を始めたら、それなりに投資の勉強をするタイプ」のお客様は、一般NISAが向いているかもしれません。

私は、何十年も同じ習い事を続けているから、もしかしたら「つみたてNISA」タイプかもしれない！

お金を使うのが大好き！　あえて引出しできないiDeCoを選択しよう。

なお、2024年からは、「つみたて投資枠（つみたてNISA）」と「成長投資枠」との併用ができますので、つみたてNISAやiDeCoをベースに積立投資で資産形成をし、流動的に使う目的のお金は「成長投資枠」を活用して運用することが考えられます。

また、iDeCoの拠出限度額内だけの資産形成では、公的年金の補完とするには不足しそうだと考えられる場合などは、iDeCoとつみたてNISAを併用することも考えられます。

2024年12月1日からは、公務員の方なども、「月額2万円が上限」で、「月額5.5万円－事業主の拠出額合計（各月の企業型DCの事業主掛金額＋DB等の他制度掛金相当額）」の範囲内で拠出ができるようになります。ただ、この金額では物足りない、あるいはもう少し積立できる余裕があるということであれば、つみたてNISAを併用していただくのはいかがでしょうか？

【2023年中】

現在、一般NISAとつみたてNISAの併用ができませんので、長期的な資産形成とやや流動性も意識した資産形成について、iDeCoと一般NISAを組み合わせ、双方でバランスを取っていただくことも可能だと思います。

（2）今後のライフプランの変化に対応できるか心配されているお客様へのアドバイス

このようなお客様の場合、まず、今後のライフプランの洗い出しを行うことが考えられます。お客様はよく「何かがあったときのためにお金は残しておかなければならないから」とおっしゃいます。確かにそれは大切です。しかし、気が付けば「何かのときのためのお金」ばかりが増えているということはないでしょうか。

何かのときのためと思って１年満期の定期預金をしていたけれど、もう10年以上そのままになっているわ。そして、１年満期の定期預金がいくつかある！

いつ、何のためにお金が必要になるのかを整理する中で、その頃までには「定期預金の金額が○○円になっているだろう」「積立定期預金の残高も増えているだろう」といったことも考えられるかもしれません。あるいは、来年、車の買換えを考えていたけれど、もう数年は我慢したほうがよいかもしれないということに気付くかもしれません。ざっくりで構いません。お客様にライフイベント表を書いていただき、「このお金は別で積み立てている」「このお金は定期預金でカバーできる」「このお金は今後のボーナス時に貯めておこう」といったお金のロードマップを作成していただきましょう。

お金のロードマップを作成しましょう！

お金のロードマップを作成した際に、家計の収支にまったく余裕がなく、常に赤字状態になりそうであれば、iDeCoへの加入は見送ったほうがよいかもしれません。しかし、今、余裕がないということは、年金暮らしになっても余裕がない可能性が高いため、iDeCoは将来の自分への仕送りのつもりで、家計のどこかに節約できる部分がないか、よく考えていただくのがよいでしょう。

iDeCoの正式名称は「個人型確定拠出年金」です。そう、「年金」なのです。今月お金がないからといって厚生年金保険の一部解約ができないのと同じく、iDeCoも年金であるため、原則として60歳まで引き出せなくて当然です。60歳以降の収入減に対応するための制度であることをお客様にしっかりと伝えたいものです。

無理してiDeCoに加入し、今の生活が立ち行かなくなっては、元も子もありません。しかし、もし、公的年金に対して不安をお持ちであれば、将来の自分への仕送りのつもりでiDeCoに加入することをご検討いただくのも大切なことだと思います。一度、一緒にお金のロードマップを作成してみませんか？

また、お金が必要になったときに、どの金融商品から解約をすればよいか、その順番を事前に考えておくとより安心です。たとえば、どうしてもまとまったお金が入用になったときは、「定期預金を解約する」「投資信託を解約する」「金利の低いときに契約した生命保険を一部解約する（あるいは、金利の低いときの契約で一時的な出費であれば、契約者貸付制度を利用することもできます）」と解約できるものがどの程度あるのかを把握しておくことが大切です。

さらに、節税できた部分をしっかりと貯蓄に回すことができると、それはお客様の流動性資金になります。たとえば、課税所得金額が195万円から330万円までの人の所得税の額は、課税所得金額に10％を掛け、そこから97,500円を差し引いた金額になります。そのため、たとえばiDeCoに加入し、毎月２万円を拠出すると、所得税額が積立合計額24万円の10％である24,000円少なくなり、住民税額も10％の24,000円少なくなります。

ただ、たとえば所得税の節税分の24,000円が別途振り込まれるのであれば、お客様にとってわかりやすいかもしれませんが、年末調整で最終的な所得税額等を計算している場合には、税金が安くなったといってもあまり実感がないかもしれません。

しかし、iDeCoに加入していなければ戻ってこなかった24,000円です。そのため、たとえば上記の人であれば、所得税額が少なくなった24,000円を12月に貯蓄する習慣を付けていただきましょう。24,000円ぐらいと思われるかもしれませんが、10年継続すれば24万円です。20年継続すれば48万円になります。それ以外の還付金については年末年始で物入りなところもおありでしょうから、使う楽しみにしていただきます。住民税は、来年度の住民税の総額から差し引かれるため、所得税以上に節税できたという気がしないと思います。これは、貯蓄してくださいといってもなかなかわかりづらいでしょう。

確かに、iDeCoによる所得税の節税分が年末調整の還付金として12月の給与に交じって振り込まれると、何となく使ってしまって、所得控除の効果があったことを実感できないかもしれない！

■ 所得控除後の課税所得金額が330万円を少し超える人に考えてほしいこと

所得税は、課税所得金額が多くなるにしたがって税率が段階的に高くなる超過累進税率となっています。

<所得税率>

課税所得金額		税率	控除額
1,000円以上	195万円未満	5%	0円
195万円以上	330万円未満	10%	97,500円
330万円以上	695万円未満	20%	427,500円
695万円以上	900万円未満	23%	636,000円
900万円以上	1,800万円未満	33%	1,536,000円
1,800万円以上	4,000万円未満	40%	2,796,000円
4,000万円以上		45%	4,796,000円

たとえば、課税所得金額が342万円の人は、税額控除等を考えなければ、所得税額は256,500円（＝342万円×20％－427,500円）になります。この人がもし、iDeCoに加入し、月々1万円の掛金を拠出した場合、小規模企業共済等掛金控除が12万円になりますので、課税所得金額は330万円になります。その場合、所得税額は232,500円（＝330万円×20％－427,500円）になります。所得控除の効果のほか、330万円以上の課税所得の分（342万円－330万円＝12万円）に対して課される税率20％の適用を回避する効果もあり、実質24,000円の節税となります。

なお、所得が給与所得のみの人の課税所得金額は、「給与所得の源泉徴収票」に記載されている「給与所得の金額」から「所得控除額」を差し引いた金額になります。下図では、給与所得の金額が356万円で、所得控除額が232万円ですので、課税所得金額は124万円になります。

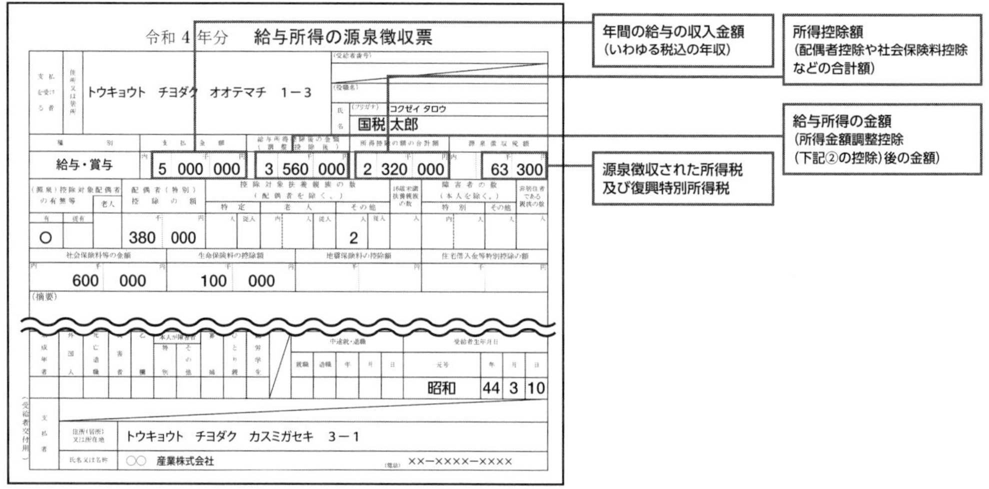

出所：国税庁

税金に関する詳細な計算は税理士法に抵触します。節税に関することは情報提供に留めるようにしてください。

2 投資信託等を保有されているお客様へのアフターフォロー

（1）iDeCo・つみたてNISAを申し込まれた後のフォロー

販売担当者の中に、「苦情をいわれないなら放っておいてよい」「積立のお客様だからアフターフォローは不要だろう」などと思っている人はいないでしょうか。

一括投資をされたお客様については、ほとんどの金融機関でアフターフォローのルールが設けられていますが、iDeCoやつみたてNISAは対象外となっている場合があります。iDeCoにしろ、つみたてNISAにしろ、投資経験があまりないお客様にとっては、申込時に説明を聞いたとしても、その後、どのような内容だったか忘れてしまい、ただ積立を続けているだけの場合も多いのではないでしょうか。

何か書面が送られてくるけれど、どうせ見てもわからないので、何も見ていないの。不明な点といわれても、何を聞いていいかわからないわ。

どのような制度なのかを再度説明し、留意事項等についても改めて説明しておかなければ、お客様から後々そのような説明は聞いていないといわれかねません。せっかく制度を利用してもらっているわけですから、留意事項等はもちろんのこと、メリットについても再確認していただく機会を設けたいものです。

現在、お客様のつみたてNISAの積立総額は16万円です。また、昨日現在で評価額は18万円になっています。つまり、現在のところ2万円の利益になっています。今、解約しましょうというわけではありませんが、仮に特定口座源泉徴収選択口座で解約したとすると、この2万円に対して約4,000円課税されますが、NISA制度をご利用いただいておりますので、解約しても課税されることはありません。

NISA制度はやっぱり得な制度だったのね！

質問がないから理解されているとは限らず、何を質問してよいかわからない状態であることも往々にしてあります。そのため、販売担当者は、他のお客様から聞かれたことなどを話題にするのもひとつの方法です。

特に、昨今、制度改正が多いことから、何がどのように変わったのかをきちんとお伝えすることは大切です。お客様はニュースの断片だけを聞かれて、間違った認識を持たれていることもあります。

先日あるお客様から、「iDeCoは2022年5月以降、65歳まで加入できるようになったと聞いたけれど、引出しも65歳までできなくなったの？」と聞かれました。加入は65歳まで延びましたが、引出しができるのは、従来どおり、原則60歳からです。

そうだったんだ。公的年金をもらうときまで引き出せないと思っていたけれど、60歳だったんだね。

このような会話をすることで、お客様の漠然とした認識を「60歳から」という具体的な年齢で認識し直してもらうことができます。

iDeCoについては、「スイッチングしたほうがいいの？」という質問をよくいただきます。

そうそう、そんな仕組みがあると聞いたような気がする。すっかり忘れていたよ。スイッチングしたほうがいいのかな？

このように、iDeCoを話題にすることで、お客様は自分の気付かなかったことや忘れていたこと等を再認識される可能性があります。

スイッチングや配分変更は、運用に対する考え方が変わったときや、リスクの度合いを変えたほうがよいと思ったときに行うことが考えられます。また、期待どおりまたは期待以上に出た投資信託の利益を、一旦、利益を確定させるために換金して、他の投資信託や定期預金等にスイッチングするということも考えられます。

ただし、頻繁に行うものではありません。たとえば、自分が保有している資産の運用実績が悪いと、運用実績のよいものにスイッチングしたくなる人がいらっしゃいます。短期で利益を追求する場合には、運用実績がよくない銘柄を換金して、運用実績がよい銘柄に乗り換えることも考えられますが、iDeCoにおける運用では、頻繁に運用商品を変更するよりも、「長期」「積立」「分散」投資のメリットをよく考えた投資スタイルを維持することが大切です。運用成績が悪い＝価格が下がっているときに、多くの口数（数量）購入することを意識したいものです。頻繁に配分変更やスイッチングを行うと、その銘柄に対する長期投資ができなくなります。

加入時に、このような説明も聞いていらっしゃるかもしれませんが、投資を始める前の段階では、まだ他人事のように聞いていらっしゃった可能性があります。実際に保有してみて、どうすればよいのか、真剣に考えられるかもしれません。

今、発生している利益を確定させたいときは、スイッチングを利用するのがよいと思います。たとえば、B投信の取得費合計が35万円で、現在の評価額が50万円だったとすると、今、換金すれば、B投信で生み出した15万円の利益を確定できます。その50万円を定期預金等にスイッチングすれば、その後、減ることはありません。そのため、給付開始時期が近づいてきて、かつ、投資信託による運用で利益となっている場合には、その投資信託を換金し、もっと安全性に配慮した運用商品または定期預金等の元本確保型商品にスイッチングしたほうがよいと考えています。

iDeCoの拠出金やつみたてNISAの積立額は、お客様にふさわしい金額でしょうか。何となく最低金額、あるいは１万円から始められて、そのままになっているような場合には、アフターフォローの際に見直しの提案をすることが考えられます。お客様の中には「とりあえず、月々１万円で申し込む」といわれたものの、実はその１万円に根拠がないことがあります。初めは、どんな制度だろうと思って、おそるおそる始められたのかもしれませんが、始めてみて特段問題がないのであれば、増額の検討も考えられます。

その場合、単純に、今の金額を増やすということもできますし、つみたてNISAの場合であれば、バランスを鑑みて相関関係が低い銘柄を選択することも考えられます。

現在、外国の債券を投資対象とする投資信託を保有されていますので、増額分では国内株式を投資対象とする投資信託を選択し、資産バランスを考えていただくこともできます。

現在、安全性を重視するバランス型の投資信託を保有されていますので、増額分では、積極的に収益を追求する投資信託を選択し、全体として安全性と収益性を追求するポートフォリオにされるのもよいかもしれません。

iDeCoであれば、記録関連運用管理機関（JIS&T、NRKなど）のWebサイトや送られてくる運用報告書を参考に、お客様がもう少し利回りを追求したいのかどうかによって、配分変更やスイッチングの提案ができます。ただし、確定拠出年金の運用商品に関しては、商品内容の説明は認められていますが、商品の推奨については、運営管理機関の中立性確保の観点から、販売担当者も運営管理機関業務の専任の職員も行うことができないことに注意が必要です。

（2）一般NISAを利用して投資信託を申し込まれた後のフォロー

一般NISAを利用して投資信託を申し込まれたお客様には、各金融機関で定められたルールに従ってアフターフォローをしていると思われます。しかし、お客様がフォローをしてほしいときと、金融機関のルールによるタイミングとが必ずしも一致するわけではありません。そのため、お客様と接点を持つたびに、投資信託のことを話題にするようにしましょう。

また、11月頃からは、お客様が年間の非課税投資枠を使い切っていらっしゃらない場合に、非課税投資枠が残っていることを伝えることもアフターフォローのひとつです。日常においても、何らかのポイントを持っていると、「ポイントの有効期限が近づいている」といったお知らせが届くことがあります。イメージとしては同じです。

ポイントを失効させないようにするため、無理してポイントを使うと、かえって無駄遣いになるような場合には、諦めてポイントを失効させると思います。しかし、買おうと思っているものがあるような場合には、ポイントを利用できるうちに買っておこうとするのではないでしょうか。

お客様のNISAの非課税投資枠が、年内あと50万円残っていますので、念のため連絡させていただきました。「ポイントの有効期限が切れます」といったお知らせのように思ってください。

このように「ポイントの有効期限のお知らせ」のように連絡すれば、お客様も「何か買わされるのではないか」といった警戒心を抱くことなく販売担当者の話を聞くことができます。

販売担当者にとって、2023年までの一般NISAについて「年間120万円まで投資が可能」「翌年に繰越しはできない」ということは当たり前かもしれませんが、お客様にとってはそうとは限りません。インターネットサービスを利用していれば、サイト上に「今年のNISAの非課税投資枠（利用状況）」などと表示されることもあるでしょうが、そう頻繁にサイトをチェックしているかといえば、そうではないお客様も多いと思います。

年内に非課税投資を、もう少しできたのね。忘れていたわ。特に投資信託を購入する予定はないけれど、教えてくれてありがとう。

このように思っていただければ、何かのときにはきちんと情報を提供してくれる金融機関だと、お客様の信頼度がアップすることが期待できます。

そういえば、購入申込みの際に、「一般NISAを用いれば、120万円まで非課税投資ができますよ」といっているけれど、この説明だけだと、今回100万円を使った場合に後の20万円を追加投資で使うことができるのかよくわからないし、年間120万円（2024年からの成長投資枠では240万円）の非課税投資枠を毎年利用できることが伝わっていないかもしれない……。

購入申込みの際は、投資信託の仕組みの話やファンドのリスク・特徴などの説明で販売担当者もお客様もいっぱいいっぱいになり、NISA制度の説明をしてもお客様のアタマに残っていないことも考えられます。そのため、NISA制度を含めたアフターフォローも大切なのです。

現在の評価額や評価損益、マーケット動向の話だけではなく制度についてもアフターフォローを！

アフターフォローの際に、追加購入の提案もしてみましょう。追加購入を検討してほしいお客様としては、「①年間の非課税投資枠を利用されていないお客様」「②損失が生じているお客様」「③投資信託を１銘柄だけ保有されているお客様」などが考えられます。

①のお客様には、前述のような「ポイントの有効期限」の話のあと、「利用しなければならないものではありませんが、投資信託が嫌でなければ、非課税投資枠の範囲内でご検討いただいてもよいかと思います」と続けることが考えられます。

ポイントのように、NISAの年間の非課税投資枠にも有効期限がございますので、念のためご連絡させていただきました。
もし、投資信託が嫌というわけでないのであれば、また、お客様のライフプランや今後の資産形成の状況に合えば、年間の非課税投資枠の範囲内での購入を提案させていただきたいと思っています。

②のお客様には、取得価格を平準化させるための提案となります。しかし、この場合、アタマでわかっていても、感情的には、なぜ下がっているものを再度購入しなければならないのかといった納得できない気持ちもあります。

損している上に、まだ購入しろというのか！

そのため、下がった場合の追加購入の提案は、購入時にしておくのがよいでしょう。

本日、NISAをご利用いただいてAファンドの購入申込みをしていただきました。今後Aファンドの基準価額が順調に上がることを期待していますが、マーケットは何が起こるかわかりません。もし、購入時から何割か下落するようなことがありましたら、その際は、Aファンドの追加購入をご検討ください。そのようなことがないのが一番ですが、下がったときの対応も事前に準備しておいてください。

③のお客様に対しては、１銘柄のファンドを保有するだけで、お客様の資産形成等の目標が達成できるのかといった観点で考えていただきましょう。

公的年金だけでは老後の生活資金がご心配というのであれば、今回の定期預金の満期資金は投資信託で運用し、お金にも働いてもらうことを考えてみませんか？
NISAを利用すれば譲渡益等が非課税になります。

これはよくある提案の際の切り口です。しかし、お客様は、この提案によって投資信託を１銘柄購入したとして、それで「老後の生活資金」に対する不安はなくなるのでしょうか。2023年までの一般NISAの利用であれば、上限で考えても120万円の投資です。そのため、このようなセールストークで購入していただいた場合、お客様のその後の状況をヒアリングしていく必要があります。

以前、公的年金だけでは老後の生活資金が心配だとおっしゃったので、預金では収益が確保できないことから投資信託を購入していただきました。この投資信託は、現状、年率２％程度上昇しています。いかがでしょうか？　この調子で増え続けるかどうかはわかりませんが、増えたと仮定して、お客様の老後の生活資金に対する不安を少しは解消できるようになっているでしょうか？

このように伺って、解消できていないのであれば、別途、「投資信託の比率を増やす」「リスクを覚悟の上で、今ある投資信託のリスクを引き上げる（投資比率を変えずに収益性を追求する）」「積立等を利用して資産形成をする（時間をかけて少しずつ増やす）」ことなどが考えられます。

お金を貯めるために必要な要素は
「元金」「利回り」「期間」の３つです。

（3）投資しているものが下がったことを不安に思っているお客様へのアドバイス

保有している投資信託の基準価額が下がり、評価損失が出た場合、お客様が不安に思うのは当然です。その際、販売担当者が、お客様の気持ちに寄り添うことは大切ですが、お客様と一緒に心配するのではなく、客観的に状況を説明することが必要です。

マーケットは変動するものです。しかし、その動きには「上昇する」「下落する」「動かない」の３つしかありません。そして、上昇ばかりするマーケットがないように、下落ばかりするマーケットもありません。

一括投資されているお客様には、今、保有されている投資信託の資金使途を再度確認することが大切です。もし、近々資金が必要で換金することを予定されているのであれば、これ以上、損失が拡大することを避けるため、換金の提案をするのもひとつの方法です。お客様が予定されていたことができなくなっては困るからです。しかし、まだこの資金を使う予定はないというのであれば、様子をみていただいたらどうかと提案することも考えられます。

ただ、下がっていることを不安に思われているときに、「使う予定がなければ様子をみておいてください」というと、形式的に聞こえてしまい、お客様は不信感を抱かれるかもしれません。

割と、大きく下がっているわよね？　ちょっと心配。

投資信託は長期保有が前提となっていますので、しばらく様子をみていただければよいと思います。

そんなことをいっても下がっているじゃない。公的年金の補完として増やすことを考えていたのに、減ってしまったら意味がないと思う。担当の人は、親身になって考えてくれない……。

この場合、お客様の不安をさらに増幅させることになります。しかし、お客様の投資目的を確認しながらアドバイスをしたらどうでしょうか。

こちらの投資信託は、公的年金の補完として資産の増大を期待して始められたと伺っておりますが、この目的に変更はございませんか？

変更はないけれど、せっかく公的年金の補完に使おうとしているのに減ってしまったら意味がないじゃない。

確かにおっしゃるとおりですが、それは現時点で換金すればということですよね？　今後、お客様が公的年金の受給を始められるまで、まだ10年以上の期間があります。
もし、今後10年の間、ずっと下がり続けると思われるのであれば、今、換金することをご検討いただいたほうがよいと思います。

まぁ、10年間、下がり続けるとは思わないけれど……。そうか、別に今、換金する必要はないわね。

もちろんマーケットのことですので、絶対下がらないとはいえませんが、今後10年の間に、また上昇するときもあるだろうとお考えであれば、このまま様子をみていただくことを提案したいと思います。

この場合、ほぼ、お客様が答えを出されています。販売担当者は、「今は損失ですけれど、今、換金をしなければならない資金ですか」と問いかけただけです。下がり続けた場合、どこに問題が生じるのかがわかれば、その対処方法もアドバイスすることができます。

下がり続けて、公的年金の補完としての意味がなくなるのは心配ですね。

公的年金だけではお金に余裕がないので、この投資信託で増やしておきたいのです。

大切なことですね。ただ、投資信託は、いつの時点でいくらになっているのか確定できない金融商品です。そのため、公的年金の補完にも「分散投資」という考え方を取り入れてみませんか？　投資信託がダメだといっているわけではありませんが、たとえば、このほかに何か公的年金の補完としてご準備されているのであれば、より安心して長期投資をしていただけるのではないかと思いました。

お客様が、投資信託は元本保証のない金融商品であることは十分にご承知のことと思います。そのため、「利益が出るときがあるとしても、それがいつの時点かわからない」ということもご理解いただいていると思います。ただ、公的年金の補完として考えているものが保有している投資信託だけであれば、マーケット次第でどうなるのかわかりません。そのような場合、他の金融商品あるいは投資信託でも相関関係の低いものを保有することで、お客様の心配を低減することができます。投資信託だけに頼っているのと、投資信託以外にも公的年金の補完として役立つものを保有しているのでは、気の持ち様も変わってきます。

なお、お客様は、冷静に考えれば慌てる必要がないとわかっているのに、たとえば取引残高報告書を見て思っていた以上に大きな損失が発生していると、パニックになってしまわれることがあるかもしれません。

そして残念なことに、そのようにパニックになった場合、たとえば積立投資をされているお客様にとって「価格の下落は積立投資のチャンス」であるにもかかわらず、積立を停止し、換金されることがあります。前述のとおり、積立の場合、基準価額が下がったときは口数を多く購入するチャンスです。下がったときに換金してしまうのは、積立投資において、一番行っていただきたくない行為です。

（4）投資しているものに利益が生じているお客様へのアドバイス

利益が生じていると、換金したほうがいいのか悩まれるケースがあります。投資信託は、分配金の支払いを重視している投資信託を除き、複利運用の預金に預けたように利益が利益を生み出す仕組みになっていますが、換金したいと思ったときに、急に大きくマーケットが下落すると、資産価値が大幅に減少してしまいます。「先週、換金しておけばよかった」といったことにもなりかねません。そのため、換金のタイミングは非常に難しいといえますが、参考にしたいのは、お客様の目標の達成度です。

たとえば、公的年金の補完を目的として投資信託を200万円購入されたとします。その後、５万円の利益が生じたから、そこで「換金して終わり」というのは、投資目的に合っていません。お客様が公的年金の補完として欲しかった資金は５万円でしょうか。

もちろん、換金しなかった結果、基準価額が下落して５万円の利益も得ることができないこともあります。お客様が「本当はもう少し増やしたかったけれど、とりあえず５万円でも増えたなら満足だ」とおっしゃるのであれば、この時点での換金も考えられます。

もう少しお金を増やしておきたいお客様は、「また、下がったときに購入するよ」といわれることもあります。しかし、換金してから基準価額が上昇したり、下がったときは何だかまだ下がりそうな気がして購入できなかったりして、結局、その後、投資信託の購入はできないままということがよくあります。また、短期で売買を繰り返すと、その分コストがかかってしまうことにも注意が必要です。その結果、思ったように公的年金の補完としての準備ができない状況に陥りかねません。

NISA制度のよいところは、非課税になるなら長期投資をしてもよいかという気になるところです。

2023年までに一般NISAで購入した投資信託等の非課税期間は最長5年です。そのため、何となく5年間はこのまま保有していてもいいかなという気になります。ロールオーバーをした場合、ロールオーバー後すぐに基準価額が上昇しても、「ロールオーバーしたばかりだからもう少し保有していようかな」と思い、結果として長期投資につながることもあります。さらに、2024年からは非課税期間が無期限になるので、期限を気にせず、お客様が納得のいく収益が出るまで、あるいは資金が必要となる時期まで非課税で保有していただくことができます。

もちろん利益が生じると、お客様は換金したくなることもあるでしょうが、販売担当者は換金後のことも含めてアドバイスをしたいものです。たとえば、公的年金の補完が目的で投資信託を始められたにもかかわらず、公的年金受給前に利益が出たから換金し、何となく現金が手に入ったからそれを使ってしまっては、当初の目的を達成することはできません。

利益も生じたことだし、少しぐらい使ってもいいわよね。

⇒使っても構いませんが、資産形成にはなりません。

ただし、長期保有をしたからといって、資産が増える保証はありませんので、たとえば、利益の部分だけを換金し、全体の投資比率を下げる「リバランスをする」といった方法も考えられます。また、換金する際にも時間分散を意識することも考えられます。

（5）投資目的やライフプランに変更があったお客様へのアドバイス

投資目的といえば、「安全性を重視して運用したい」「分配金を受け取りながら収益性も期待する」といった項目を思い浮かべるかもしれませんが、お客様目線で考えると、お客様が投資信託に何を期待しているかということです。

「投資目的は何か」と聞かれても「そんな難しいことはわからない」と思ってしまうけれど、「投資信託の分配金や利益を何に使いたいか」と聞かれると、「何に使おうかな？」とちょっと楽しみになりますね。

たとえば、毎月の子供の習い事の月謝の補完になればと思って毎月分配型投資信託を申し込まれたお客様の投資目的は、「分配金を受け取りながら収益性も期待する」に該当するでしょう。しかし、お客様の立場からすると、目的はもっと具体的で「分配金を月謝の補完にしたい」です。その後、お子様が大きくなられて「習い事をやめられた」、あるいは「自分のバイト代で支払うようになった」などといった変更があった場合、お客様の投資信託保有の目的が変わるでしょう。

もともと、子供のスイミングスクールの月謝代になればと思って毎月分配型投資信託を申し込んだのですが、スイミングスクールをやめてしまいました。

このようなお客様の場合、今まで月謝代にしていた毎月分配型投資信託の分配金を、今後どのように使うつもりかを聞いておきたいところです。もし、スイミングスクールに代わって何か他の習い事をされているのであれば、その月謝代に充てようと考えられるかもしれません。特に何も使途がなくなったというのであれば、ライフイベントの変化とともにお客様が投資信託に期待されること、つまり投資目的が変化しているといえます。このまま放っておいて、お客様が「分配金は普通預金に振り込まれているので、何となく生活費として使ってしまう」ということにならないようにアドバイスをしたほうがよいかもしれません。

スイミングスクール代として使っていただいていた分配金ですが、その必要がなくなったのですね。もし、他に何かに使いたいということがなければ、その金額分、あるいは少しプラスして、つみたてNISAを始めてみられませんか？　今度は、積極的に将来の資産形成を考えることを提案したいと思います。

もちろん、毎月分配型投資信託を解約して、「分配金よりも収益性を重視する」ための投資信託に乗り換えていただくことも考えられますが、乗換えに係る費用等を考えると、分配金を再活用していただくという方法も提案のひとつと思われます。

金融機関によっては、分配金の受取方法の変更のみができる場合があります。そのような場合、分配金再投資の方法に変更することを提案するのもよいかもしれません。

このような、ちょっとした生活の変化（上の場合、子供がスイミングスクールをやめた）に係るヒアリングなども、アフターフォロー時に行いたいものです。そのためには、購入時の面談記録等に、お客様が投資信託をどのように活用したいと思っていらっしゃったのかを記録しておくと、フォローがしやすくなります。

「分配金はお子様のスイミングスクールの月謝代に充てたいといわれた」……なるほど、このお客様は、そのような目的で投資信託を始められたんだ。

ライフプランが大きく変わる要因としては、「教育方針が変わった」「早期退職に応じた」「定年延長に応じた」「子供が結婚した」「引っ越した」「家族が独立するなどして世帯人数が変わった」など、様々なことがあります。そして、その際には、お金の貯め方や運用方法などが、今までと同じでよいのかどうかの検討も必要になると思われます。

服でたとえるなら、「学生時代に着ていた服」。昔、流行したデザインだから、ちょっと今の時代と合わない。そして、昔より似合わなくなっているけれど、傷んでいないし、サイズも問題ないからそのまま着続けようという感じね。着続けてもよいけれど、最善とはいえない。

なお、金融庁が公表している「顧客本位の業務運営に関する原則」の「原則６．顧客にふさわしいサービスの提供」の中に、長期的な視点に配慮する旨の記載があります。

> 金融商品・サービスの販売後において、顧客の意向に基づき、長期的な視点にも配慮した適切なフォローアップを行うこと

お客様の状況が時間的経過に従って変化する可能性があるのは、「転職や転居などにより当初想定したライフプランが変化する場合」や「加齢による心身の衰えが生じ、リスク許容度が変化する場合」などです。お客様にこれらの事柄が生じていないかをよく確認しながら、アフターフォローを行う必要があります。アフターフォローの際に、基準価額や現在の評価損益の話をするのは、短期的な視点に基づくアフターフォローです。それだけではなく、お客様の今後の考え方なども伺う長期的な視点に配慮したアフターフォローが求められています。

この投資信託を購入されたときは、10年以上使う予定のないご資金と伺っておりましたが、現状はいかがでしょうか？　何か使う予定ができたということはございませんか？

3 お客様にふさわしい提案

(1) お客様の本当の資産状況等

投資信託等の販売にあたって、販売担当者は、お客様の知識、経験、財産の状況、投資目的に照らして、お客様にふさわしい金融商品を提案しなければなりません。言葉でいうのは簡単ですが、これらの項目について、お客様がどこまで本当のことを申告されているでしょうか。

たとえば、ある金融機関の渉外担当者に対し、お客様が保有金融資産を1,000万円と申告されたのに、営業店に戻ってお客様の預金残高を確認したら1,500万円あったということもあります。

お客様が本当の資産状況等を申告されない理由としては、２つのことが考えられます。ひとつ目は、お客様自身が把握されていらっしゃらない場合です。確かに、保有金融資産が、「Ａ銀行の定期預金30万円のみ」の場合、お客様はご自身の資産をきちんと把握されているかもしれませんが、複数の金融機関に預入れされていて、さらに証券会社で株式を保有されていたら、今の時価をきちんと把握されていないこともあります。

もうひとつの理由としては、お客様が隠しておきたいと思われることです。中には、自分を大きく見せるために誇張した申告をされるお客様もいらっしゃるかもしれませんが、お金を持っていると思われるのが嫌で過少申告するお客様もいらっしゃいます。理由としては、「お金の話をするのは、はしたない」という意識のほか、お金があると金融機関に知られたら色々勧誘されてしまうのではないかといった警戒心から、過少申告されることが考えられます。

しかし、今後の「ライフプランとお金」について考えるとき、資金を固定し過ぎて万一のときに思うように換金できなかったり、必要以上にリスクを取り過ぎたりすることは、お客様にとって不利益です。このようなことが起こらないようにするため、保有金融資産を伺っているということをきちんと説明する必要があります。

保有金融資産をお伺いしておりますのは、お客様の資産状況と、これから使う予定のある資金を考えながら、どの程度のリスクを取った投資がよいかなどを考えるための基本となるからです。貯蓄から投資へというものの、無理をして投資をするのは、あまりよくないと思います。

投資経験をお聞かせいただいているのは、投資経験によって、ご案内したい商品が変わってくるからです。たとえば、投資初心者の方には、まずはわかりやすいシンプルな設計の投資信託等をご紹介させていただきたいと思います。

<医師には正直に状況を説明します>

皆さんが、たとえば体調が悪くて病院に行った場合、どこがどう調子が悪いのかを医師に説明されると思います。

胃が痛いのです。ご飯は食べることはできますが、食べた後、チクチクと痛みます。それに最近、めまいもします。夜も寝つきが悪い気がします。熱はありません……。

このとき、患者は、何とかしてもらいたいので正直に病状を訴えます。そうしなければ、適切な治療を受けることができないからです。そして、できれば医師からも、たとえば「いつから痛みが出ているの？」「寝つきが悪くても寝てしまえば熟睡できているの？」と色々と聞いてもらったほうが、何となく安心です。

さらに、「それは、つらいですね」と言葉をかけてもらったほうが、「わかってもらえた！」という気にならないでしょうか。

資産形成等の相談も同じです。お客様は、資産形成について適切なアドバイスをしてもらうことができるのであれば、販売担当者に今の状況を正直に伝えてくれるのではないでしょうか。そして、販売担当者の質問によって、お客様の実態をより把握することができます。

（何だか、この定期預金だけの話だけでなく、資産全体のことを考えて説明してくれている。正直に言っておいたほうがいいかな？） 実は、A銀行でも投資信託を購入したことがあります。

そうなのですか。以前から資産形成についてきちんと考えていらっしゃるのですね。よいことです。ちなみにそれはどのような投資信託ですか？ いつ頃から始められたのでしょうか？ 投資に際して資産バランスなどもチェックしておきたいと思います。

（あっ、さらに私に合った提案をしてくれようとしている……、話してよかった。）

販売当初は、過少申告されたお客様であっても、アフターフォロー等を繰り返すうちに信頼していただき、現状を正確に伝えてくださることも考えられます。その際には、改めて、お客様のライフプランに沿った資産形成になっているかを考える必要があります。資産形成は、一度切りの定期預金からの投資信託や保険商品への振替えで完了するものではありません。つみたてNISAを利用されているからといって、将来の公的年金の補完として十分ではないこともあります。

前回、お話を伺って夫と今後のお金の相談をしたら、リフォーム資金を忘れていることに気付きました。年をとったら、バリアフリー化をしないと危ないね、という話になったのです。このためのお金も貯めようと思います。

承知いたしました。再度、目標額を見直してみましょう。ちなみに、バリアフリーのためであれば、税制優遇や自治体からの補助金制度がある場合※がありますので、そのときがきたら、リフォーム会社にも相談なさってください。

※「バリアフリー改修に係る所得税額の特別控除（適用期間：2022年1月1日～2023年12月31日）」「介護保険制度に含まれる『高齢者住宅改修費用助成制度』」などがあります。

（2）投資信託への申込みを不安がっていたお客様へのアドバイス

これまで、定期預金等の元本保証のある金融商品しか申し込んだことのないお客様が、投資信託の申込みをされたら、どんなに説明を尽くしても、多少の不安は残ると思います。むしろ、元本保証のない金融商品なので、まったく不安を感じられないほうが心配です。

「投資なんてしたことがなかったけれど、大丈夫かしら？」などといわれながら、投資の必要性を理解して、投資信託を申し込まれたお客様には、実際に保有された上での感想を聞いてみたいところです。たとえば、当初は「損したら嫌だな」と思って申し込まれたのが、実際に申し込まれてその思いが強くなっていないかどうかなどです。

もし、「損したら嫌だな」という気持ちが強くなっていらっしゃるのであれば、そのお客様は、適合性の原則の４要素である知識、経験、財産の状況、投資目的には反していないものの、もしかすると性格的に投資信託に向いていらっしゃらない可能性もあります。再度、リスク低減の方法等を説明するとともに、できれば高齢のお客様でなかったとしても、ご家族にも一緒に話を聞いておいてほしいところです。お客様も、ご家族も理解している取引であれば安心されると思います。ただ、このようなお客様には、追加購入等の提案はあまり推奨できません。

実は、家族に投資信託を申し込んだといったら、「元本保証がないのに大丈夫なの？」といわれて不安になってしまいました。今、改めて、説明を聞いて、「そうだった！　リスクの低減がポイントだった」と思い出しました。その話をすればよかったですね。

もし、よろしければ、私からご家族様にどのような商品であるかを説明させていただくこともできます。そこまでは不要ということであれば、お客様がご家族様に説明される際のポイントを説明させていただきましょうか？

一方で、購入後、何も気にしていないし、基準価額や取引残高報告書も見たことがないとおっしゃるお客様に対しては、少し気にしていただくように提言しなければなりません。換金の時期は、お客様が決めなければならないからです。

申し込んでみるまで不安だったけれど、申し込んでみたら、投資信託のことなんて忘れていたよ！

せっかくなので、取引残高報告書が届いた際には、この評価額の欄だけでも確認しておいてください。そして、お客様の資産が目標に向かってどのようになっているかをチェックしておいてください。

また、たとえば、「損したら嫌だな」と思ってリスクレベルのやや低い投資信託を選択したお客様が、実際に保有してみると、もっと積極的なものでもよかったかもしれないといわれる場合があります。

昨年、まずは、安定性を重視して投資してみようということで、「BKSバランスファンド（安定型）」をご購入いただきました。実際に保有していただき、気になること等はございますか？

そうだなぁ。結果論なのだろうけれど、これだけ円安になったのなら、外国株式に投資するファンドや「BKSバランスファンド」も「積極型」にしておけばよかったかなぁ。

この場合、お客様のリスクに対する考え方が変わった可能性があります。お客様の意向を再度確認し、もう少しリスクが取れるということであれば、積極型のファンドを追加購入していただき、お客様の要望に沿ったリスク・リターンに近づけることも考えられます。

Ⅳ

事例研究

これまで学習してきたことを事例で確認します。お客様にアドバイスをする際には、お客様の課題を見いだし、それにどのように対応する必要があるかを考えなければなりません。

お客様の課題を見いだし、
お客様に認識してもらい、
それに対する情報提供を行います。
最善の方法のほかに、代替案も準備できると、
お客様は比較することができますので、
判断・選択がしやすいと思います。

1 30代女性からの相談

投資はしたことがありませんが、つみたてNISAを始めている人が周りに多いので、私も始めてみようと思いました。何か、気を付けることはありますか？

A様　会社員（37歳）　年収350万円　夫（38歳　会社員　年収470万円）、子供（10歳・7歳）と4人暮らし

気を付けることとしては、つみたてNISA（2024年以降は「つみたて投資枠」以下同じ）は商品名ではなく、制度のことで、その中身は投資信託での運用である旨を理解されていらっしゃるかということです。ご友人からの情報で、「何となくみんなが始めているので」ということで興味を持っていただくことはよいことですが、その内容について十分に理解されていない可能性があります。

また、始めるにあたって、気を付けることというより、確認事項としてA様の投資目的を把握しておきましょう。つみたてNISAで貯めた資金を、いつ、何のために使いたいと思っているのかを伺う必要があります。それによって、運用期間やリスク・リターンの大きさが変わってくるからです。

もし、「何となく」というのであれば、お子様の教育資金についてどのような考えを持っているのかなどを、販売担当者から質問を投げかけ、お客様の目的を明確化することが考えられます。教育資金をまだ準備できていないのであれば、つみたてNISAを活用することができます。A様の世帯は共働き世帯ですので、2024年からの非課税投資枠の拡大のメリットを活かし、月額10万円を10年～12年程度の積立により、教育資金として貯めていただくことが考えられます。その際には、他の預金等からどれだけ教育資金に充当することができるか（教育費としていくら不足しているのか）を考えるとともに、公立進学か私立進学かの教育方針も確認したいところです。また、お子様2人分の教育資金を考えなければなりませんので、現在、公立の学校に通われているのであれば、比較的、教育費が少なくすむ小・中学生の間にしっかりと資産形成をしておきたいものです。

もし、教育資金は他で準備できているというのであれば、つみたてNISAではなく、所得控除のメリットを受けながら公的年金の補完として資産形成をすることができるiDeCoの提案もできます。あるいは、つみたてNISAを利用して貯めた資金を車の買換えの費用に充てたり、利益が生じているときは利益分を換金して家族旅行を計画したりするなど、人生の楽しみに使っていただく提案もできます。

このほか、つみたてNISAを活用した資産形成は、遺族年金の補完としての役割を果たすこともできます。A様に万一のことがあった場合、お子様は、遺族基礎年金の「子」に該当しますので、子のある配偶者である夫に、遺族基礎年金が支給されます。しかし、遺族厚生年金の支給要件には、夫が55歳以上であることが含まれます（夫が死亡した場合、妻には、この55歳以上という要件はありません）。そのため、A様に万一のことがあった場合に備えて生命保険に加入することも考えられますが、つみたてNISAを利用して投資信託でお金に働いてもらいながら遺すことも考えられます。

もちろん、周りで始めている人が多いので、何となくつみたてNISAを始めようかなといった漠然とした理由でも構わないのですが、目的を設定しておいたほうが、それに合わせたリスク・リターンのファンドを選択したり、換金時のタイミングを考えたりしやすくなります。

■ iDeCoに加入する場合

A様および夫の会社に企業年金制度があるのか、そして老後の資金に対する不安度はどうかなどがヒアリングのポイントとなります。企業年金制度がない場合のほうが、年間の拠出限度額が大きくなりますので、夫婦のどちらか一方がiDeCoに加入し、もう一方がつみたてNISAを申し込むといったことを考えるのであれば、企業年金制度がない人にiDeCoの加入を考えていただきましょう。

また、たとえば、A様がiDeCoに加入し、60歳から年金として10年間受給することにし、自身の公的年金を繰下げ受給して年金額を増額することも考えられます。

このように、iDeCoにしろ、つみたてNISAにしろ、貯めた資金の使い方なども考えていただけるようなアドバイスを心掛けるのがよいでしょう。

2 50代女性からの相談

銀行に行くたびに、iDeCoやつみたてNISAを勧められます。でも今ひとつ投資しなければならない理由がわかりません。投資に頼らなくても、みんな、何とかしていますよね？

B様　パート勤務（56歳）　年収100万円　夫（59歳　会社員　年収670万円）と２人暮らし。子供は独立している。

投資しなければならない（投資がMust）というわけではありませんが、投資の必要性が本当にないのかどうかの検証は必要です。たとえば、B様は、現在の家計の収支をどの程度把握されているのでしょうか。現状は、世帯の収入で十分に暮らしていらっしゃるようです。しかし、夫の年齢をみると、そろそろ退職世代になります。60歳で定年退職しなかったとしても、60歳以降の収入は今と変わらないのか（減ることはないのか）を確認したいところです。もし、変わるとすれば、どの程度変化するのか、そして、その収入で家計は赤字にならないのかを考える必要があります。たとえば、公務員の人であれば、2023年から定年が段階的に引き上げられていますが、60歳での役職定年制が設けられ、一般に60歳以降の給与は60歳時点の７割になるとされています。まずは、60歳以降の働き方と収入について確認する必要があります。そして、公的年金がどのぐらい受給できるのかの把握も必要です。

B様の場合、iDeCoやつみたてNISAによる資産形成を考える前に、今後のキャッシュフローを一度整理することを勧めたいものです。確かに「みんな、何とかしている」のでしょう。しかし、「無理なく何とかしているのか」「何かを我慢して何とかしているのか」では大きな違いがあることを理解していただきましょう。

もちろん、潤沢な貯蓄残高があれば、無理に投資をする必要はありません。年金収入に加えて、これまでの貯蓄を取り崩して生活できるからです。ただ、その取り崩しに、「足りるかしら？」と少しでも不安を感じられるのであれば、今後はお金にも働いてもらうことを選択肢に入れてもらいましょう。その際、一括投資の方法や、投資性のある保険商品の活用も考えられますが、比較的積立型の金融商品のほうが、リスクを抑えることができます。投資経験のない人に対しては、まずはiDeCoやつみたてNISAを検討していただきましょう。

ただ、iDeCoへの加入を考えるのであれば、どちらかというとB様の夫のほうが所得控除のメリットを享受できるので、夫のほうに考えていただくのがよいでしょう。ただし、現在59歳ですので、今後いつまで厚生年金被保険者でいられるかによって加入期間が短くなる可能性があることに注意が必要です。また拠出できる掛金額が少ないと感じられるかもしれません。

期間のことを考えた場合、つみたてNISAのほうが、融通がきくかもしれません。今、家計に余裕があるのであれば、2024年からつみたて投資枠を利用して年間120万円までの積立が可能です(成長投資枠でも積立は可能です)。家計に余裕のある期間は頑張って積立額を増やしておき、夫が60歳以上になって、収入減になったとすれば、それに合わせて積立金額を減額、あるいは停止（一時停止を含みます）することもできます。つみたてNISAであれば、お金に働いてもらいながら、必要なときに換金することができます。今後の生活の中で、ベースは年金収入で、家計収支で不足している部分は貯蓄を取り崩し、一時的な不足分はつみたてNISAを利用した貯めたお金で補うなどの役割分担を考えるのもよいでしょう。

いずれにしろ、お金の状態については、「何とかなるだろう」から「何とかなっている」と自信を持てるよう、年に１回は資産の状況をチェックしていただくことをお勧めします。いわば、お金の健康診断です。もし、今後、家計の収支が悪化しそうなときは、早期に発見し、早期に治療（対応）すれば解決できることもあります。

B様には、今後のキャッシュフローを描いていただくとともに、最初からiDeCo、つみたてNISAの選択を排除しないほうがよいことをアドバイスしましょう。

3 60代男性からの相談

一旦、退職となりましたが、契約社員として厚生年金被保険者のまま雇用延長で働いています。iDeCoはまだ加入していたほうがよいでしょうか？

C様　契約社員（61歳）　年収350万円　妻（54歳　パート勤務）と2人暮らし。子供は独立している。

一般には、掛金の拠出ができるのであれば、そのまま加入していただくことが望ましいといえます。理由としては、おそらく公的年金を受給されるようになると、現在の収入よりも年収が下がることが考えられます。C様の今の貯蓄残高はわかりませんが、公的年金のみの収入になった場合、月々、いくらか貯蓄を取り崩すことになるのであれば、その原資として、iDeCoで資産形成をしておくことが考えられます。また、C様が生命保険に加入されているのであれば、保険料の払込みが完了しているかどうかもヒアリングのポイントとして挙げられます。生命保険に加入する際に、保険料払込満了を60歳にされている人が多いようです。そうすると、所得控除のひとつである生命保険料控除が使えなくなります。そのため、iDeCoの掛金による小規模企業共済等掛金控除の節税メリットを引き続き得ることを考えましょう。

もし、掛金の拠出が負担であれば、拠出額を引き下げることも考えられます。掛金額の変更は、1年（12月分の掛金から翌年11月分の掛金（実際の納付月は1月～12月））に1回可能です。また、一旦、退職されたということですので、いくらか退職金が支払われたのではないかと思われます。その退職金を定期預金にしているのであれば、現在、定期預金の利息よりも、所得控除から得ることができる節税の額のほうが大きいと思われますので、定期預金を一部生活費に充当しながら、iDeCoを続けるということも考えることができます。

ただし、iDeCoに関しては、現状の損益を確認する必要があります。今後、加入年齢の引上げも検討されていますが、現在は、国民年金被保険者であれば65歳まで掛金を拠出でき、年金資産の受取りは75歳までに開始することとなっています。

最長75歳まで運用し続けることができるのであれば、まだ長期投資ができるといえますが、掛金を拠出できなくなった後は、加入者から運用指図者になり、掛金を拠出していないので所得控除のメリットがなくなる一方、口座管理手数料はかかり続けます。そのため、ライフプラン等に影響がなければ、65歳をひとつの区切りとすることも考えられます。そうすると、あまり長期投資ができる期間はありませんので、まず、現状の年金資産の運用状況を確認し、利益が出ているのであれば安全性を重視した運用にスイッチングすることをアドバイスするのがよいかもしれません。そして、今後の掛金の運用も、安全性を重視したほうがよいでしょう。収益性を楽しみたいということであれば、別途、つみたてNISAの利用を検討していただきましょう。

なお、現在C様の妻は、第3号被保険者です。もし、C様が65歳で退職された場合、その後、妻が60歳になるまでの約2年間は、第1号被保険者になることに注意する必要があります。自らが国民年金保険料を支払う必要が出てきます。月額16,000円で計算しても、2年分であれば約38万円が必要になります。iDeCoで利益が生じた分があれば、その利益分で支払うことも考えられます。もし、雇用延長が続けられるのであれば、妻が60歳になるまで、C様には厚生年金被保険者で働き続けることも考えていただきたいと思います。

著者略歴

梶川真理子（かじかわ・まりこ）

株式会社フィナンシャル・ラボ　エグゼクティブ・マネジャー

1992年4月関西大学商学部卒、同年4月山一証券入社。支店投資相談課にて個人営業に従事。1998年2月山一証券を退社。その後、東洋信託銀行（現三菱UFJ信託銀行）でテラー、東海東京証券で個人営業に従事。アーティス(株)を経て、2015年3月(株)フィナンシャル・ラボの設立に参画（2017年2月同社取締役会に就任)。種々の階層別の研修講師や各種コンテンツ制作を担当。

【保有資格】

会員一種証券外務員、内部管理責任者、ＣＦＰ®・ＦＰ１級技能士（資産相談業務)、ＤＣプランナー１級、コンプライアンス・オフィサー２級、メンタルヘルス・マネジメント（ラインケア・セルフケア）

【主著】

「はじめての投信セールスコース」「顧客本意の投資勧誘を身につけるコース」「金融商品税制がわかればリテール営業が面白くなるコース」、「よくわかる確定拠出年金」（通信講座テキスト、ビジネス教育出版社)、等

株式会社フィナンシャル・ラボ

金融機関向けに今後継続して発生することが想定される各種制度改正対応の研修やコンサルティング等を目的に2015年1月に設立。

主な業務としては、金融商品販売担当者・管理職向けのスキルアップのための各種研修および制度改正に係る研修を提供している。このほか、金融商品販売に係る制度改正対応、各種約款・帳票・社内規程・事務処理ルールの見直し、顧客向けパンフレットの作成、ホームページの見直し等の全般的な支援業務およびコンサルティングなどを行っている。このほか、コンテンツ制作や証券外務員･FPの資格取得対策講座も実施している。

年金知識を活かした

iDeCo・NISA 提案の進め方

2023年5月15日発行　初版第1刷発行

著　者　**梶川　真理子**

監　修　**橋本　正明**

発行者　**中野　進介**

発行所　株式会社 **ビジネス教育出版社**

〒102-0074　東京都千代田区九段南4-7-13

TEL 03(3221)5361(代表)／FAX 03(3222)7878

E-mail▶info@bks.co.jp URL▶https://www.bks.co.jp

印刷・製本／シナノ印刷㈱　　装丁・DTP ／㈲エルグ

落丁・乱丁はお取り替えします。

ISBN978-4-8283-1013-8　C2033